AF488951

Jaime Eyzaguirre

Ideario y ruta de la emancipación chilena

EDITORIAL UNIVERSITARIA

983.03
E98i   Eyzaguirre, Jaime, 1908-1968.
      Ideario y ruta de la emancipación chilena / Jaime Eyzaguirre.
      30.ª ed. Santiago de Chile: Universitaria, 2019.
      158 p.; 11,5 x 18,2 cm (Imagen de Chile)
      Bibliografía: p. 147-[159]. Incluye notas bibliográficas.

      ISBN 978-956-11-2608-4

1. Chile - Historia - Guerra de Independencia, 1810-1824 - Causas.
2. Chile - Historia - Hasta 1810. I.t.

Texto compuesto en tipografía *Baskerville 9/13*

Se terminó de imprimir esta
TRIGÉSIMA EDICIÓN
en los talleres de Editora e Imprenta Maval Spa.,
Rivas 530, San Joaquín, Santiago de Chile,
en enero de 2019.

www.universitaria.cl

IMPRESO EN CHILE / PRINTED IN CHILE

Jaime Eyzaguirre

Ideario y ruta de la emancipación chilena

EDITORIAL UNIVERSITARIA

Primera edición de 1957
Cubierta de Nemesio Antúnez

Primera edición
en la Colección *América Nuestra*
dirigida por Clodomiro Almeyda
Tipografía de Mauricio Amster.

Índice

para los 50 años de la primera edición de
Ideario y ruta de la emancipación chilena

Jaime Eyzaguirre nació en Santiago en 1908 y murió en un accidente automovilístico cerca de Molina (7ª Región) en 1968. Estudió en el Liceo Alemán de su ciudad natal y contrajo matrimonio con Adriana Philippi, de ascendencia alemana. Estudió derecho en la Universidad Católica de Chile y se tituló de abogado en 1931. Su verdadera vocación fue la docencia. Tuvo una verdadera pasión por enseñar. Sus lecciones, sus escritos y sobre todo un larga serie de discípulos revelan al auténtico maestro. Cultivó más que nada la historia y la historia del derecho, a la que se dedicó desde 1932 como ayudante y luego como catedrático en la mencionada Universidad Católica. En 1955 obtuvo la cátedra de Historia del Derecho en la Universidad de Chile, fundada en 1738, de la que pasó a ser el vigésimo tercer ordinario.

Historiador autodidacta e inconformista, pertenece a la época en que Gaylord Bourne y Domingo Amunátegui denuncian el agotamiento de la historiografía liberal del siglo XIX, representada por Barros Arana y los hermanos Amunátegui, eruditos pero con una visión deprimente del pasado chileno, hostil a la obra de la Iglesia y de España en América. Eyzaguirre participó de la posición revisionista de la época de Esquivel Obregón y Zavala en México, Palacio y Carbia en Argentina Basadre y Lohman en Perú. Junto a Francisco Antonio Encina en su monumental *Historia de Chile* y a Alberto Edwards en *La Fronda aristocrática de Chile**, se convirtió en uno de los tres historiadores más leídos y más influyentes del siglo XX en Chile, cuya obra tuvo hondas repercusiones en la conciencia nacional. Ponen a la vista lo que en uno de sus libros

* Editorial Universitaria, 1982.

fundamentales llamó Eyzaguirre la *Fisonomía histórica de Chile** que permite al chileno enfrentar por sí mismo y a su manera las exigencias del presente. Otra cosa sería asimilarse a los pueblos más incultos que, por carecer de tener historia propia, están condenados a no tenerla sino bajo dependencia ajena. Este planteamiento había sido anticipado por Eyzaguirrre en un opúsculo, *Hispanoamérica del dolor*, pues, para él, como parte de Hispanoamérica, Chile, era la *patria chica* dentro de esa *patria grande* de dimensiones continentales.

Su obra gira en torno a dos grandes temas, que constituyen los pilares de la conciencia nacional en la América hispana: la conquista, que revela lo común con Europa, y la independencia que muestra lo propio frente al Viejo Mundo. Precisamente ambos constituyen el eje de este libro *Ideario y ruta de la emancipación chilena*. Eyzaguirre se remonta a San Isidoro de Sevilla e invoca el célebre aforismo *rex eis si recte facias, si non facias non eris*. Al decirse *rey serás mientras actúes rectamente, si no, no eres*, se coloca al derecho por encima del poder. Tal es el fundamento del Estado de derecho que preside la vida institucional de América hispana desde la Conquista hasta la independencia y aun después. La lucha por la justicia y el respeto a las personas, lejos ser imitación europea o estadounidense, hunde sus raíces en lo que otro historiador de esta época, Néstor Meza Villalobos llamó *La conciencia política chilena durante la monarquía*.

Por lo mismo explica Eyzaguirre que la independencia de los países hispanoamericanos, es todo menos una rebelión de colonias oprimidas por su metrópoli, como, por ejemplo, en los Estados Unidos. Ni fueron colonias, ni se dejaron atropellar por nadie, de ahí que ni la fundamentación doctrinaria ni el movimiento mismo obedezcan a inspiración extranjera. Se trata de algo distinto, como lo demuestra, por lo demás, el curso de los hechos. En el caso de América hispana hay dos momentos, uno inicial de fidelidad al rey y a la monarquía y otro

---

* Fondo de Cultura Economica (México) 1949. Editorial Universitaria (Chile) 1973.

de separatismo, en que los distintos reinos se apartan de la monarquía. La independencia es, pues, una desarticulación del conjunto, cuyos componentes se apartan de ella.

Esta revisión de la independencia tiene sólido apoyo en la bibliografía de la época. Parte de un opúsculo del español Manuel Jiménez Fernández acerca de *Las doctrinas populistas en la independencia de América*, pero además se funda en una serie de aportes entonces novedosos como *La obra de España en América* de Carlos Pereyra, *El fin del imperio español en América* de Marius André, *Libertad y despotismo en la América Hispana* de Cecil Jane y *Las Indias no eran colonias* de Ricardo Levene.

Una rápida revisión de la bibliografía posterior revela nuevas aristas. Ultimadamente se ha despertado, sobre todo en Europa, el interés por las monarquías múltiples, de las cuales en la Edad Moderna los más logrados ejemplos fueron la hispánica que duró hasta la independencia de América entre 1816 y 1821 y la austriaca que subsistió hasta 1918. No constituyen un Estado sino uniones de Estados. Ambas estaban formadas por Estados y países, diversos entre sí pero unidos permanentemente bajo un monarca común. No son provincias ni dependencias de otro mayor. Antes bien, cada uno tiene su *status*, su capital, su gobierno, sus instituciones propias. En el caso de la monarquía hispánica, emana de una época tan lejana como la de abdicación de Carlos V en 1556 se distinguen, tanto en España como en América, entidades políticas de distinta naturaleza: los reinos, Estados y señoríos. El monarca y el gobierno de la monarquía aparecen así bajo una nueva luz, más al modo de un director de una orquesta, cuyo cometido es hacer que cada uno cumpla su papel, que el del jefe de un Estado unitario o de una oficina administrativa, que exige lo mismo de todos. Se entiende así mejor la constitución de la monarquía múltiple y la independencia de América hispana como la desarticulación de la misma, lo que ha abierto la posibilidad de comparación con el fin de la monarquía austrohúngara a un siglo de distancia en 1918.

Bernardino Bravo Lira

A mi hijo JAIME,
en quien se funden las sangres de
DON AGUSTÍN DE EYZAGUIRRE,
Alcalde de Santiago en 1810,
que promovió con ardor la instalación
de la primera Junta de Gobierno,
y de DON SANTOS IZQUIERDO,
Caballero de la Orden de Montesa,
implacable opositor
de su establecimiento.

INTRODUCCION

Como una secuela natural de la lucha armada de la emancipación y de los rencores que de ella habían brotado, los historiadores chilenos del siglo XIX construyeron y perpetuaron un juicio absoluto sobre la génesis de este importante hecho político y de los tres siglos de gobierno español que lo precedieron.

Para don Diego Barros Arana, seguidor convencido del dogma del progreso y lector ferviente del Profesor de Heidelberg, Jorge Godofredo Gervinus, "el despotismo político y religioso que había producido la postración científica y literaria de España, se había hecho sentir con mucha mayor intensidad en sus colonias, había agobiado los espíritus, creado y mantenido en ellas el imperio de las preocupaciones y de las tinieblas que servían de apoyo al régimen absoluto" [1].

Don Miguel Luis Amunátegui, por su parte, sostuvo que el dogma de la Majestad Real fue el fundamento sobre el cual España construyó toda su dominación en América. Para afianzarlo, la metrópoli rodeó al Nuevo Mundo de intencionada soledad intelectual y económica, y lo preservó de contactos foráneos que pudieran debilitar su fidelidad y sojuzgamiento [2].

Esta concepción del régimen español en las Indias, presupone la inexistencia en ellas de hábitos de libertad política y, consiguientemente, la falta de órganos llamados a expresar este sentimiento. De ahí que los historiadores se vieran forzados a buscar fuera del mundo hispánico aquellos impulsos decisivos del movimiento de emancipación que no habrían podido germinar espontáneamente en clima tan reacio. La importancia que ante sus ojos cobra el ideario político de Rousseau y Montesquieu, la sangrienta caída del

[1] "Historia General de Chile", tomo VII, p. 523. Santiago de Chile, 1886.
[2] "Los precursores de la independencia de Chile". Santiago de Chile, 1870, 1871 y 1872.

absolutismo en Francia y el ejemplo separatista de las colonias inglesas de Norteamérica, es tan grande, que no vacilan en atribuir a estos hechos el despertar de los criollos de su letargo y el aprovechamiento que ellos hacen de la invasión napoleónica a la metrópoli, para sacudir el yugo colonial y conquistar su independencia.

Un resumen ordenado y completo de las ideas elaboradas por los maestros de la historiografía decimonónica lo da la *Historia de Chile* de don Luis Galdames, manual muy difundido en los medios escolares a partir de 1907. Allí se señalan como antecedentes del movimiento emancipador: el monopolio comercial abusivo, "que condenaba al país a la pobreza"; el propósito de la corona de mantener "a la generalidad de los colonos en la ignorancia, sin crearles escuelas y colegios en proporción bastante para sus necesidades y sin permitirles siquiera la introducción de libros con qué poder ilustrarse libremente"; la preferencia que para los cargos públicos se daba a los peninsulares sobre los criollos; la miseria en que yacía el bajo pueblo; "la complejidad de las leyes, el retardo de los juicios, la arbitrariedad de los procesos, la venalidad de algunos jueces y la desigual consideración con que los distintos grupos de la sociedad eran tratados ante los tribunales"; la influencia que en el ánimo de los criollos ejercía la lectura de los enciclopedistas franceses, defensores de la libertad e igualdad humanas; el ejemplo de las colonias inglesas de la América del Norte, que habían proclamado su independencia; la revolución francesa de 1789, que al poner en práctica "las teorías de sus pensadores, sacudido toda la Europa, formulado la "Declaración de los derechos del hombre" —no absolutamente desconocida en Chile ya en esa época— y decapitado a su Rey, tenía que sugerir en los colonos ideas de emancipación"; y la defensa, en fin, de Buenos Aires, en 1806 y 1807, contra los ingleses, que creó en los criollos conciencia de su poder y dio impulso a la idea de la nacionalidad.

Como toda ciencia, la historia es dinámica y no puede quedar enquistada en fórmulas dogmáticas. El fallo del historiador está sujeto a una continua confrontación con el material proporcionado por las nuevas investigaciones. Ellas amplían la visual, corrigen o anulan las opiniones ligeras y van restaurando cada vez con más fidelidad la imagen del pasado. La distancia de los hechos ayuda asimismo a mirarlos con calma y objetividad y a desprenderse de pasiones que oscurecen el juicio.

Es indudable que a siglo y medio de la guerra de la independencia podemos analizar mejor el problema de sus causas que lo que lo hicieron los hijos o nietos de sus actores. El material documental accesible al estudioso es hoy día enorme. Expertos investigadores han revelado el contenido de numerosos archivos públicos y privados. Monografistas acuciosos han despejado diversas incógnitas. Se ha ganado, en fin, en perspectiva, que es como decir, en disposición tranquila para apreciar los hechos. El fallo que brote de su examen sereno y documentado tendrá que acercarse mucho más a la verdad que el emitido antaño por hombres que, por la fuerza de los hechos, resultaron ser jueces y parte a la vez en el proceso.

Bajo estas disposiciones intentaremos un análisis del debatido tema de los antecedentes de la emancipación de Chile, reuniendo y coordinando observaciones y hallazgos desperdigados, y añadiendo puntos de vista nuevos que, a nuestro parecer, ayudan a clarificar el problema. Siendo la independencia un fenómeno de carácter continental, fácil es hallar similitudes entre lo ocurrido en Chile y otros sitios de América. Esto no significa que el planteamiento que haremos más adelante aspire a considerarse una teoría general de la emancipación. Se trata sólo de reflexiones frente al caso chileno. Un juicio de conjunto sobre el trascendental acontecimiento en todo el Nuevo Mundo rebasa con creces nuestro propósito.

Por lo demás las conclusiones de carácter general sólo podrán alcanzarse cuando se haya agotado en cada país la correspondiente investigación local y el material reunido en los diversos sitios sea objeto de un estudio comparativo que conduzca a la adecuada síntesis.

Por lo demás las conclusiones de carácter general sólo podrán alcanzarse cuando se haya agotado en cada país la correspondiente investigación local y el material reunido en los diversos sitios sea objeto de un estudio comparativo que conduzca a la adecuada síntesis.

I. ESPAÑA Y LOS DERECHOS POLITICOS

1. *EL IDEARIO DE SAN ISIDORO*

El español que a lo largo de los siglos XVI y XVII atravesó el Atlántico para instalarse en las nuevas tierras de América, poseía un acervo de principios políticos perfectamente estructurado, que podía además exhibir una larga y bien fundada genealogía.

Ya en los distantes tiempos de la monarquía visigoda, cuando el rey Recaredo abjuró en 589 del arrianismo e ingresó a la Iglesia Católica, los efectos moralizadores de esta última se hicieron sentir de inmediato en la legislación y en el pensamiento político de España. Una avasalladora personalidad emerge entonces en el campo de la doctrina y de la acción, la del Obispo de Sevilla, San Isidoro. Dotado de una cultura asombrosa y de una acrisolada virtud, su personalidad se proyecta decisiva en los acuerdos de los concilios y en la redacción de las leyes.

Dos elementos juegan armónicamente en la concepción política isidoriana: el rey y el pueblo. La investidura del monarca es sacral; su poder emana de Dios. De ahí arranca el prestigio de su autoridad y la obligación del pueblo de acatarla. Este último no es visto por el gran hispalense, como una masa inorgánica, sino como "una multitud humana asociada por consentimiento de derecho y por común acuerdo" [3]. En el derecho divino y en el derecho humano descansa así la estructura del Estado. Una y otra ordenación limitan el poder real, a la vez que crean en los súbditos el adecuado sentimiento de obediencia. El que se alza contra el rey legítimo y usurpa el trono, incurre en el anatema de la Iglesia,

[3] San Isidoro de Sevilla: "Etimologías", libro IX, cap. IV, 5. Versión castellana total, por vez primera, e introducciones particulares de don Luis Cortés y Góngora. Biblioteca de Autores Cristianos, Madrid, 1951.

e igual cosa sucede al monarca que se rebela contra la ley y se transforma en tirano. A la ley, que "es constitución del pueblo que recibió su sanción de los ancianos juntamente con el pueblo" [4], está sujeto, en primer término, el príncipe. El obrar conforme a derecho, de acuerdo con la justicia, es condición básica para que conserve el nombre de rey. El célebre aforismo: *Rex eris si recte facies, si non facias non eris*, que San Isidoro incluye en sus *Etimologías*, es incorporado en el *Liber Iudiciorum*, máxima expresión jurídica de la España de su tiempo y sobrevivirá a la monarquía visigoda pasando como un legado esencial a la Alta Edad Media.

2. *EL ESTADO MEDIEVAL*

En los estados cristianos que surgen de las ruinas del reino gótico, que reprimen la avanzada islámica y emprenden la reconquista del territorio perdido, el monarca contrae con el pueblo un verdadero pacto al jurar, en el momento de asumir el poder, el respeto de las leyes existentes. Además sus facultades se hallan limitadas por los principios superiores del derecho natural, objetivo e invariable, que inspira y justifica toda la legislación positiva. La comunidad, primero al través de la Curia Plena, integrada por nobles y obispos, y luego de las Cortes, en que se añaden a esos elementos los mandatarios de las ciudades, equilibra el poder del monarca, obligándole a recabar su consentimiento para los asuntos de gobierno más importantes.

En Castilla, donde la repoblación a base de la pequeña propiedad ha originado una amplia clase libre, el espíritu de libertad e independencia se agudiza. Los municipios se multiplican al amparo de este ambiente y con ellos los fueros o conjuntos de normas jurídicas reguladoras de su existencia, en que las garantías individuales

[4] Idem, libro V, cap. 10.

y los derechos de la persona se consagran cuidadosamente. Un eco territorial extraordinario de esta prolífica legislación localista se encuentra en los decretos dictados por las Cortes que reúne Alfonso IX de León en 1188. Allí se asegura a los súbditos la adecuada administración de justicia, la inviolabilidad del hogar y la defensa del derecho de propiedad [5]. Los decretos de León vinieron a favorecer a todos los hombres libres, y a diferencia de la famosa Carta Magna, arrancada veintisiete años después por los privilegiados ingleses a su rey Juan Sin Tierra, no fue el resultado de la pugna entre la nobleza y el alto clero con la corona, sino el desborde del espíritu de libertad municipal que los mismos monarcas ayudaban para contrapesar el poder de las aristocracias.

La tendencia fortalecedora del poder real, que con desmedro de los privilegios nobiliarios se abre camino en el siglo XIII con la ayuda de las renacientes doctrinas romanistas, no altera en sustancia la estructura formal de la monarquía. El Código de las Partidas, exponente del nuevo derecho, define al rey como "vicario de Dios" y entrega al pueblo el cuidado del mismo para evitar yerros; condena la usurpación del poder y la tiranía; consagra la invalidez de toda disposición real que contraríe al derecho natural, y estima propio del hombre el "que cada uno se pueda amparar contra aquello que deshonra o fuerza le quisieren facer, e aun más, que toda cosa que faga por amparamiento de fuerza que le quieran facer contra su persona, que se entiende que lo face con derecho" [6].

---

[5] Irene Arias: "La Carta Magna leonesa". En "Cuadernos de Historia de España", IX, p. 147-153. Universidad de Buenos Aires, Facultad de Filosofía y Letras. Buenos Aires, 1948. Claudio Sánchez Albornoz: "Sensibilidad política del pueblo castellano en la Edad Media". En "Revista de la Universidad de Buenos Aires", cuarta época, año II, Nº 5, 1948.

[6] Partida 2ª, tít. I, ley 5ª; tít. XIII, ley 25; tít. I, ley 10; Partida 3ª, tít. XVIII, ley 31; Partida 1ª, tít. II, ley 2ª.

3. *EN LOS TIEMPOS MODERNOS*

La llegada de la Edad Moderna con los Reyes Católicos, junto con producir la asociación de las coronas de Castilla y Aragón y el término de la guerra contra el Islam, consagra en definitiva la supremacía del poder real sobre los estamentos sociales, la consolidación y robustecimiento de su autoridad y el declinar de la vida municipal y de las Cortes. El mismo principio hegemónico lo mantienen a lo largo de los siglos XVI y XVII los monarcas de la Casa de Austria, sin perder el contacto íntimo con los súbditos. Se conserva viva la idea del rey sujeto al derecho natural y primer cumplidor de las leyes, al punto de que el poderoso Felipe II hizo retractarse cierta vez a un predicador adulón que sostuvo que los reyes estaban exceptuados de la ley. El común sentir popular sigue viendo en el monarca el gerente del bien común y el defensor de los débiles. El teatro de la época recoge esta imagen haciendo de Alfonso VII en *El mejor Alcalde, el rey;* de Enrique III en *Peribáñez y el comendador de Ocaña;* de Fernando e Isabel en *Fuenteovejuna;* y de Felipe II en *El Alcalde de Zalamea,* la encarnación de la justicia frente al atropello de los poderosos.

Esta concepción viva y popular de la monarquía española del renacimiento y del barroco, halla en los tratadistas de la época, particularmente en los jesuitas Francisco Suárez y Luis de Molina, eximios expositores, que desarrollan y ahondan las viejas doctrinas insinuadas por San Isidoro y expuestas por los escolásticos medievales. Según ellos, la potestad soberana desciende de Dios al titular al través del pueblo y por su libre consentimiento. Los hombres por naturaleza nacen libres y ninguno puede alegar sobre los demás jurisdicción política o dominio. La potestad de regir pertenece, en cambio, a la comunidad, entendiendo por tal, no el mero agregado de hombres, sino una entidad moral orgánica. Ella, al

constituirse por el libre acuerdo o contrato de los hombres para
propender al bien común, genera en su seno la autoridad como un
medio natural e imprescindible de conservarse y lograr sus fines.
Dios resulta así causa mediata del poder, puesto que es autor de
la ley natural, pero El no escoge al que ha de ejercerlo, ni tampoco fija la forma que ha de adoptar el gobierno. Todo esto queda
entregado a la libre determinación de la voluntad humana. Realizado ya el contrato social que dio origen a la comunidad orgánica
y engendró en ella el poder, pasa éste por un nuevo pacto al que ha
de detentarlo, entendiéndose que si en el contrato de transmisión
o señorío se fijó la herencia como medio de prolongar la delegación
del mando, éste en cada caso se considera recibido, no del anterior
titular, sino de la comunidad por medio del pacto [7].

Como el poder que detenta el príncipe arranca en último término
de Dios, ha de ejercerlo conforme a las leyes divinas y naturales
por El dispuestas. Y como además su título emana de manera inmediata de la comunidad, debe asimismo cumplir las leyes positivas
que se han dictado para su recto gobierno. El quebrantamiento de
cualesquiera de estas normas constituye violación del pacto por el
príncipe y da derecho a la comunidad a resistirle como a tirano.

Sobre el extremo a que puede llegar el pueblo en su legítima rebelión, hay diversidad de pareceres entre los tratadistas, sin que falten
algunos, como el jesuíta Juan de Mariana, que autoricen dar muerte al tirano. Privado el injusto detentador del ejercicio de la soberanía, vuelve ella a la comunidad e igual cosa ocurre cuando el
titular cesa en su desempeño sin tener sucesor legítimo.

<hr>

[7] Francisco Suárez: "Tratado de las leyes y de Dios legislador". Versión
castellana de J. Torrubiano. Madrid, 1918-1921. Luis de Molina: "Los
seis libros de la Justicia y del Derecho". Versión castellana y notas de M.
Fraga Iribarne. Madrid, 1941. José Antonio Maravall: "Teoría española
del Estado en el siglo XVII". Instituto de Estudios Políticos, Madrid, 1944.

II. LA INCORPORACION DE LAS INDIAS EN LA MONARQUIA ESPAÑOLA

1. *LA DONACION PONTIFICIA*

Mientras la corona de Aragón había orientado su vida política y acción expansiva hacia el Mediterráneo, Castilla, por imperativo geográfico y hábito marinero, campeó hacia el Atlántico. Aquí debió chocar, muy luego, con el Portugal, cuyos diestros navegantes recorrieron la costa del Africa en busca del anhelado camino a la India. La guerra nacida de esta rivalidad vino a concluirse con el tratado de Alcaçovas suscrito en los años 1479 y 1480, y confirmado por el Papa. Por él Portugal se aseguró el dominio de las islas Madera, Azores y Cabo Verde y de toda la costa de Guinea, como asimismo la exclusiva navegación a la misma, y Castilla quedó circunscrita en sus aspiraciones africanas a las islas Canarias. Pero el primer viaje de Colón, que abre inesperadas perspectivas, mueve a Fernando el Católico a pedir al Papa el dominio de las tierras descubiertas y por descubrir en aquellas partes del océano. Alejandro VI, afirmándose en una doctrina comúnmente acogida por los canonistas de la época y aceptada por el código castellano de las Partidas, que atribuía a los Pontífices el dominio temporal universal y el derecho a instituir soberanos, expidió con fecha 4 de mayo de 1493 la bula *Inter Caetera* por la que donó a los Reyes de Castilla y León y a sus sucesores las islas y tierras firmes descubiertas y por descubrir que se hallaren al occidente de una línea trazada de polo a polo a cien leguas al oeste de las islas Azores y que no hubiesen sido poseídas antes de la reciente Navidad por algún príncipe cristiano. Habiendo reclamado Portugal a Castilla de esta delimitación, se siguió entre ambas cortes una negociación diplomática que remató el 7 de junio de 1494 con la firma de un tratado en Tordesillas. Por su virtud, el meridiano de partición fue situado a trescientas setenta leguas al oeste de las Azores, confiriéndosele a Castilla las tierras del poniente y al Portugal las del Oriente. Las únicas dos naciones que por entonces podían aspirar a una expansión por el Atlántico, conseguían así entenderse en el reparto del mundo [8].

La bula *Inter Caetera* permitió a Fernando e Isabel, como reyes de Castilla, adquirir las Indias. Cada uno de ellos, al testar, dispuso que la cuota que le tocaba en los nuevos bienes pasara, en conformidad a la referida bula, a la corona de Castilla. De esta manera, la plena y total incorporación de las Indias a esta última vino a realizarse en 1516, a la muerte de Fernando, que sobrevivió a su mujer doce años [9].

---

[8] Por salir de nuestro objetivo, omitimos entrar en pormenores sobre la gestación y alcance de las diversas bulas pontificias otorgadas a los Reyes Católicos con motivo del descubrimiento de América, remitiéndonos al respecto a: Pedro Leturia: "Las grandes bulas misionales de Alejandro VI". En "Biblioteca Hispana Missionum", tomo I; Barcelona, 1930. Manuel Giménez Fernández: "Nuevas consideraciones sobre la historia, sentido y valor de las Bulas Alejandrinas de 1493 referentes a las Indias"; en "Anuario de Estudios Americanos", tomo I; Sevilla, 1944. Idem: "Algo más sobre las Bulas Alejandrinas de 1493 referentes a las Indias"; en "Anales de la Universidad Hispalense", año VIII, N° 3; Sevilla, 1945, Venancio Carro: "La teología y los teólogos-juristas españoles ante la conquista de América. Madrid, 1944. Luis Weckmann: "Las bulas alejandrinas de 1493 y la teoría política del papado medieval". México, 1949.
[9] Sobre el problema de la incorporación de las Indias véanse: Juan Manzano: "La incorporación de las Indias a la Corona de Castilla", Madrid, 1948; Florentino Pérez Embid: "Los descubrimientos en el Atlántico hasta el Tratado de Tordesillas", Sevilla, 1948; Alfonso García Gallo: "La unión política de los Reyes Católicos y la incorporación de las Indias", en "Revista de Estudios Políticos", N° 50, Madrid, 1950; Juan Manzano: "La adquisición de las Indias por los Reyes Católicos y su incorporación a los reinos castellanos", en "Anuario de Historia del Derecho español", tomos XXI-XXII, Madrid, 1951-52.

Importa destacar que las Indias quedaron unidas a la *corona* de Castilla y no al *reino* o comunidad, pues en cada caso los efectos jurídicos deberían ser diferentes. Observa con razón el Profesor García Gallo que la "incorporación al *reino* supone, como en el caso de Granada, la fusión con la consiguiente anulación de toda personalidad de tipo político; mientras que la incorporación a la *corona* representa la conservación de aquélla y una unión de tipo personal o real con los restantes reinos" [10]. Pero las Indias no son una propiedad privada del rey, sino un bien de realengo, es decir, un dominio público de la monarquía, sometido directamente a la corona y que no puede ser enajenado o entregado a otro señorío.

Algunos tratadistas, entre ellos Solórzano Pereira, subrayaron la diferencia que existía entre el ligamen que unía a las Indias con Castilla y el que asociaba a ésta con otros reinos, como el de Portugal y el de Aragón. Mientras los últimos estaban unidos en forma *aeque principaliter*, esto es, conservando su gobierno y leyes propios, el de las Indias se hallaba ligado a Castilla por vía de accesión, lo que importaba ser regido por el mismo gobierno y leyes del reino a que se agregaba. Carente, al fin, el Nuevo Mundo de una estructura política propia al unirse a Castilla, como en cambio la tenían los otros reinos, fue preciso otorgársela, y en este caso las instituciones castellanas sirvieron de modelo. La legislación para las Indias se inspiró también en la castellana y ésta rigió además en América como supletoria. En fin, el comercio indiano quedó reservado por entero a Castilla.

No obstante, no hubo confusión entre la personalidad política de este reino y el de las Indias. Apenas realizado el primer viaje de Colón, los Reyes Católicos confiaron a una autoridad especial,

[10] Alfonso García Gallo: "La Constitución Política de las Indias españolas", Madrid, 1946.

Juan Rodríguez de Fonseca, la dirección de los asuntos americanos, acentuándose el régimen administrativo propio con el avance de los descubrimientos. En 1503 se creó la Casa de Contratación para supervigilar el comercio y la navegación al Nuevo Mundo, y en 1524 se dio definitiva estructura al Consejo de Indias, órgano superior gubernativo, legislativo y judicial de América, que ostentará igual jerarquía que el Consejo de Castilla y sin cuyo especial asentimiento no estará permitido ejecutar en ultramar ninguna ley dictada por otro Consejo, ni ninguna pragmática otorgada por el monarca para los reinos peninsulares. Desde entonces queda evidenciado el carácter de unión personal de las Indias con Castilla. Ni en las leyes ni en los tratadistas se dan a las primeras el calificativo de colonias, sino el de Monarquía Indiana, Reinos, Provincias o Estado de las Indias. Felipe II rubricó este concepto titulándose *Hispaniarum et Indiarum rex* [11].

[11] Ricardo Zorraquín Becú: "El sistema político indiano", en "Revista del Instituto de Historia del Derecho", N⁹ 6, Buenos Aires, 1954; Ricardo Levene: "Las Indias no eran colonias", Buenos Aires, 1951; "Acerca del término *colonia*", en Revista de Indias", N.ᵒˢ 55-56, pgs. 147-180, Madrid, 1954; José Martínez Cardós: "Las Indias y las Cortes de Castilla durante los siglos XVI y XVII", en "Revista de Indias", N.ᵒˢ 64 y 65, Madrid, abril-junio y julio-septiembre de 1956; Ismael Sánchez Bella: "Los reinos en la historia moderna de España", Madrid, 1956.

III. LA VIDA POLITICA EN LAS INDIAS BAJO LOS AUSTRIAS

1. *LA ADHESION DE LA "REPUBLICA" INDIGENA*

La doctrina española de que el Estado se integra por dos elementos: la corona o rey y el pueblo o comunidad, se traslada también a América, sólo que aquí debe adaptarse a circunstancias diversas de las europeas. Preciso es recordar que la población americana estaba formada fundamentalmente por dos grupos étnicos y culturales diversos: el indígena y el español, con lo que cabe distinguir aquí dos comunidades o "repúblicas", como se dice en los documentos de entonces. Los componentes de la "república" indígena, por su evidente inferioridad de cultura, fueron sometidos a un régimen de protección y quedaron al margen de la actividad política general. Pero además se les respetó sus usos y costumbres jurídicas, siempre que no fueran contra la religión católica y las leyes españolas, y se les permitió elegir sus propias autoridades. La condición de ser racional y libre del indio es amparada por la ley y defendida por teólogos y misioneros, a despecho de la crueldad y codicia de muchos. Si alguna vez la corona decreta la esclavitud contra un grupo aborigen, es porquè considera que éste ha quebrantado la fidelidad antes prestada al Rey.

Y aquí hay que subrayar el hecho de que los monarcas españoles no se contentaron sólo con la donación pontificia para sentirse señores de las Indias, sino que buscaron en ellas la adhesión voluntaria de sus nuevos súbditos. La tradicional doctrina hispana de que el poder emana como fuente inmediata del pueblo, tiene también su aplicación tratándose de la "república" indígena. Pese a su deficiencia e ingenuidad, el "requerimiento" que por primera vez trajo a América Pedrarias Dávila y que Pedro de Valdivia dio a conocer a los habitantes de Chile, involucraba, no sólo un testimonio de los títulos teológico-jurídicos alegados por el monarca castellano para mandar en las Indias, sino también el deseo de conseguir la voluntaria sujeción de los aborígenes a su soberanía. Este propósito de obtener el libre consentimiento de los naturales como medio de constituir legítimamente el poder, es algo que se repite en diversas formas a lo largo del siglo XVI en todo el continente. Así en 1557 Juan Velázquez logra, mediante negociaciones, la obediencia al Rey de los pobladores de Atacama; en 1577 Rodrigo de Quiroga, el de los de Arauco; y en 1593 don Martín García Oñez de Loyola, el de los indígenas de Concepción e Imperial [12]. Si esta adhesión fue en realidad espontánea y no arrancada por la presión o el miedo, queda por verse en más de una ocasión, pero es indudable que en muchas oportunidades se creyó sinceramente haberla obtenido con toda limpieza. La sorpresiva muerte infligida por los araucanos en 1598 al Gobernador Oñez de Loyola, dio, por ejemplo, ocasión a que hasta defensores sinceros de los indígenas, como el canónigo Melchor Calderón, estimaran que debía castigárseles con la guerra y la esclavitud, por haber quebrantado la fidelidad antes prestada al monarca [13].

2. *LA "REPUBLICA" DE LOS ESPAÑOLES*

La "república" de españoles poseyó asimismo en las Indias características especiales. Aquí no existía ni tradición ni vida municipales como en España. Las ciudades, con todo su régimen y estruc-

[12] Andrés Huneeus Pérez: "Historia de las polémicas de Indias en Chile durante el siglo XVI, 1536-1598", Santiago de Chile, 1956.
[13] José Toribio Medina: "Biblioteca Hispanochilena", II, págs. 5-20, Santiago, 1857; Lewis Hanke: "La lucha por la justicia en la conquista de América", pág. 299, Buenos Aires, 1949.

tura jurídicos, fueron un trasplante europeo realizado por los colonos. La concepción medieval de los tres estamentos que se agrupan en Cortes para hacer sentir la voz de la comunidad, no se prolonga a América. Los Reyes, que habían logrado vencer a la arisca nobleza castellana, tomaron las mayores precauciones para que en las distantes Indias no se generara un nuevo poder señorial. "Por el derecho de conquista se consideraba como realengo toda la tierra no ocupada virtualmente por los naturales. El Rey repartía, según su voluntad, esa tierra a los conquistadores y pobladores. Legalmente no existía en Indias ninguna propiedad territorial privada que no hubiera concedido o confirmado el monarca. No podía resurgir en el Nuevo Mundo la "presura" que se había usado en los primeros siglos de la Reconquista peninsular, es decir, la ocupación de tierras abandonadas que se hizo por la iniciativa privada, sin ningún título legal [14].

Si la política de los Reyes no logró evitar la formación de latifundios en Indias, el hecho de que la fuente originaria del derecho de propiedad fuera la corona, impidió constituir dominio sobre los que la habitaban y dar nacimiento a señoríos con jurisdicción propia. La calidad nobiliaria aparejó en el Nuevo Mundo sólo ventajas de carácter honorífico y no eximió al poseedor de ciertas cargas. La gente llana se halló, por su parte, libre del pago de pechos, lo que vino a constituir un aliciente para poblar en tierras de América y escalar en ella con rapidez un mayor rango social. Los premios a los conquistadores y sus descendientes se otorgaron con mucha cautela. La encomienda indiana involucraba legalmente para el beneficiario sólo la cesión por el Rey del tributo que un grupo de indígenas le debían en su calidad de súbditos, pero no llevó consigo ni la entrega de las tierras de éstos, ni la

[14] Richard Konetzke: "La formación de la nobleza en Indias"; en "Estudios Americanos", N° 10, Sevilla, julio de 1951.

pérdida de su libertad, ni la más mínima renuncia por el monarca del derecho jurisdiccional sobre ellos.

La corona estaba resuelta asimismo a impedir que las aristocracias locales quisieran extremar el papel de los munícipios. Los agentes del rey procuraron siempre sortear los intentos de convocatoria a Cortes o juntas intermunicipales en las provincias indianas, convencidos de que el espíritu levantisco que en ellas latía, podía encontrar en tales reuniones peligrosos estímulos [15].

Y tenían razón los monarcas y sus representantes para pensar así, pues la improvisada casta nacida en América al calor de la gesta gloriosa de la conquista, no disimulaba su intento de querer aprovechar la enorme distancia que la separaba de la corte para sostener y acrecentar sus pretensiones hegemoníacas y autonomistas. Los arrestos de libertad se confundían casi con los primeros pasos españoles en el Nuevo Mundo y encontraban en la constitución del poder municipal el medio más efectivo para hacer valer los derechos de la comunidad frente a la corona. Recuérdese el empeño con que Francisco Roldán y demás sublevados de la Isabela, en 1498, rechazan la condición de colonos y exigen la calidad de vecinos, con todas las preeminencias y ventajas que a este título otorgaba el derecho castellano. Tráigase asimismo a la memoria la actitud revolucionaria del Cabildo del Darién que desconoció la autoridad de Fernández de Enciso y ungió gobernador a Vasco Núñez de Balboa. Y añádase aún como más revelador el caso de Hernán Cortés, que para sacudir la dependencia del Gobernador de Cuba promueve la fundación de la ciudad de Veracruz y recibe de su Cabildo el mando, libre de otra subordinación que la del Rey. En este caso, Cortés, que antes sólo ostentaba una mera auto-

---

[15] Guillermo Lohmann Villena: "Las Cortes de Indias", en "Anuario de Historia del Derecho español", tomo XVIII, Madrid, 1947; Manuel Giménez Fernández: "Las Cortes de la Española en 1518", en "Anales de la Universidad Hispalense", N° II, Sevilla, 1954.

ridad delegada, la obtiene ordinaria de la comunidad jurídicamente constituída. Ella, considerando insuficientes los poderes de Cortés y además tiránica la autoridad de Diego Velázquez, el delegante, nombra al titular que legítimamente ha de ejercerla [16].

3. *EL CABILDO DE SANTIAGO*

No es otro el proceso que se advierte en Chile en los albores de la colonización. Aquí como en la Nueva España, el pueblo hará sentir sus derechos políticos desde el primer momento. Apenas fundada la ciudad de Santiago e instituído el Cabildo, órgano jurídico adecuado para expresar el sentir de la comunidad, se ofrece a Pedro de Valdivia el cargo de Gobernador. La circunstancia es similar a la de Cortés. Valdivia ha llegado del Perú con autoridad delegada de Pizarro y aspira a ejercerla en plenitud. La noticia de la muerte de don Francisco es una coyuntura favorable para realizar esta ambición. Por otra parte el rey está lejos y no puede proveer de inmediato a las necesidades de este extremo del mundo hispánico. La comunidad, por medio del Cabildo, su órgano de expresión, determina quién ha de ejercer el poder mientras el monarca resuelva en definitiva.

Un día de mayo de 1541, encontrándose en la flamante ciudad de Santiago del Nuevo Extremo "todo el pueblo ajuntado", el procurador del Cabildo requirió en nombre de la comunidad a Valdivia a aceptar el cargo y repitiendo la escena medieval de los nobles que alzaban al monarca sobre el pavés, "se levantaron los dichos señores alcaldes e regidores y todo el pueblo junto, y arremetiendo al dicho señor teniente, le tomaron y lo levantaron en

[16] Lincoln Machado Ribas: "Movimientos revolucionarios en las colonias españolas de América", cap. II, Buenos Aires, 1940; Manuel Giménez Fernández: "Hernán Cortés y su revolución comunera en la Nueva España", Escuela de Estudios Hispanoamericanos, Sevilla, 1948.

los brazos contra su voluntad y le llamaban y le llamaron electo gobernador en nombre de S. M."

Valdivia se resiste varias veces a aceptar el gobierno, no porque le repugne, sino por mera táctica diplomática. Pero entre las razones que alega para rehusar el mando nunca invoca la posible incompetencia del Cabildo para otorgárselo. Por el contrario, en una de sus respuestas, subraya expresamente este derecho, diciendo a los ediles: "Yo creo que pueden vuestras mercedes hacer lo que hacen por el poder que S. M. da a sus Cabildos y ellos están en su nombre para proveer las cosas que tocan a su servicio". Y cuando en definitiva acepta el cargo, en un discurso muy calculado y astuto dirigido a todo el común reunido, el conquistador de Chile declara someterse al parecer unánime de éste, "pues se dice que la voz del pueblo es la voz de Dios". La convicción de que la comunidad determina el titular del poder porque Dios, al entregarle en abstracto la soberanía, le ha permitido en su nombre ejercer tal derecho, parecería fluir de los términos de ese aforismo [17].

Lo corriente es que el Gobernador reciba su investidura del Rey. Pero, aunque su título arranque de tal origen, no por eso se halla libre de vínculos jurídicos con el Cabildo. Después de todo, el Gobernador es un representante, una prolongación de la persona del monarca y sobre él deben pesar también las obligaciones de la corona para con la comunidad. Así como el pacto entre ambas se perfeccionaba con el juramento de los reyes ante las Cortes de cumplir las leyes divinas y humanas, y sólo después de este requisito recibían el poder del pueblo, el Gobernador de Chile debía ajustarse a un trámite similar ante el Cabildo de Santiago para ser reconocido como legítima autoridad.

Hasta Pedro de Valdivia debió acatar este ceremonial cuando regresó del Perú con nombramiento de Gobernador por Su Majes-

[17] "Colección de Historiadores de Chile", tomo I, ps. 75 y sig.

tad. Esa misma corporación, que antes le confiriera espontáneamente el poder interino, le regateó su reconocimiento en propiedad mientras no se hubo sometido a las prescripciones consuetudinarias. El primer título constitutivo de la soberanía había caducado y el nuevo, de origen real, necesitaba de la ratificación del pueblo. De ahí que el procurador de la ciudad pidiese al Cabildo, el 17 de junio de 1545, que recabara de Valdivia juramento:

"Primeramente que su señoría guardará los mandamientos reales y nos mantendrá en paz y en justicia en nombre de S. M.

"Otrosí que guardará y mantendrá su señoría todas los libertades, franquezas, privilegios, gracias y mercedes, que S. M. manda se guarden e que gocen los caballeros hijosdalgo y todas las otras personas que descubren e conquistan e pueblan tierras nuevas...

"Otrosí, que guardará su señoría y consentirá que goce esta ciudad, vecinos y moradores de ella, de los términos y jurisdicción que les fueron señalados y dados, al tiempo de la fundación de ella; y que le dará e guardará e acrecentará propios, ejidos, dehesas y baldíos" [18].

A igual que Valdivia, los demás Gobernadores que llegan al país con nombramiento real, han de subordinarse a este trámite que simboliza el pacto del monarca con el pueblo. El Cabildo de Santiago, cabeza del reino de Chile, improvisa grandes puertas, a imitación de los burgos medievales y fuera de ellas instala una mesa sobre la cual se coloca un misal. Allí aguardan los concejales al Gobernador y las puertas no se abren a su paso hasta que jura sobre el libro santo que guardará a esta ciudad todas las libertades, franquicias y exenciones que hasta entonces le habían sido otorgadas [19].

[18] Julio Alemparte: "El Cabildo de Santiago en el siglo XVI", Santiago, 1930; Idem: "El Cabildo en Chile colonial", Santiago, 1940.
[19] Véase, a manera de ejemplo, el recibimiento de don Melchor Bravo de Saravia en 1568, en la "Historia de Chile desde su descubrimiento hasta

De seguro, el momento de mayor influencia política del Cabildo de Santiago es el que sigue inmediatamente a la muerte de Pedro de Valdivia. Conforme a la tradición castellana, considera él en esa oportunidad que el poder ha revertido al pueblo por la desaparición del titular, y en cuanto órgano de expresión jurídica de la república ejerce el gobierno en cuerpo. Por un breve tiempo designa Capitán general y Justicia mayor a Rodrigo de Quiroga, y en amplio gesto democrático, consulta por pregón a los vecinos sobre la conveniencia de este nombramiento. Frente a las rivalidades por el mando de Francisco Aguirre y Francisco de Villagra, se esmera en ser imparcial y si bien acepta revestir al último del carácter de Capitán general, para librar a los colonizadores del alzamiento indígena, salva las apariencias presentándose impelido por la fuerza a dar este paso. Con diplomacia y sentido jurídico, libra al reino de una guerra civil similar a la que ensangrentó el Perú y ejerce el mando político hasta la llegada a Chile, en 1557, del Gobernador don García de Mendoza. Esta oportunidad de detentar la plenitud del poder político no volverá a presentársele al Cabildo de Santiago, pues la instalación en 1609 de la Real Audiencia entregará a este cuerpo, por el ministerio de la ley, el desempeño de los gobiernos interinos.

Pero si los Cabildos pierden en el siglo XVII las posibilidades del ejercicio del poder político, conservan siempre el papel de fiscalizadores del mismo, al punto de incitar, como lo veremos más adelante, a la deposición de los Gobernadores tiránicos.

---

el año 1575 compuesta por el Capitán Alonso de Góngora Marmolejo", págs. 165-166, en "Colección de Historiadores de Chile", tomo II, Santiago, 1862.

4. *LOS ESTATUTOS JURIDICOS DE INDIOS Y DE ESPAÑOLES*

A diferencia de las Constituciones contemporáneas que definen y enumeran ordenadamente las garantías de los ciudadanos, en el Derecho Indiano de los Austrias no se encuentra una exposición sistemática de las mismas. Esto no significa, sin embargo, que los súbditos carecieran de toda protección frente al poder político. La idea por demás arraigada de un derecho natural, ponía fuerte cortapisa a las demasías del monarca y al abuso de las leyes, y éstas, considerándose una concreción de los principios de aquél, iban más a buscar aplicaciones concretas a sus normas que a definirlas de manera abstracta y sistemática. No obstante, es posible reconstituir al través de la legislación casuista, de preferencia agrupada en el Cedulario de Diego de Encinas, de 1596, y en la Recopilación de las leyes de los reinos de Indias, de 1680, tanto el estatuto jurídico de que gozaron los súbditos de la "república" indígena, como el que tuvieron los integrantes de la "república" española.

Podemos señalar entre las principales garantías de los indígenas las siguientes:

1. *Libertad personal en régimen de protección.*—Se reconoce al indio el carácter de persona libre y de súbdito de la corona. Sólo por excepción y durante un tiempo, los araucanos prisioneros de guerra fueron condenados a la esclavitud por estimarse que habían violado la fidelidad jurada al Rey. Aunque sujetos de derecho, los indios, por su menor cultura, se consideran incapaces relativos y como tales sometidos en sus actos y contratos a un régimen de protección. La Tasa de Esquilache de 1622 instituyó un Protector general para todo el reino de Chile y uno para cada uno de los cinco corregimientos en que se dividía su territorio.

2. *Derecho de residencia.*—Se garantiza la libre radicación de los indígenas, prohibiéndose, por expresas normas de Carlos V, sacarlos de sus tierras y llevarlos a España, pena de cien mil maravedís y destierro perpetuo de las Indias, y a las autoridades americanas dar licencia para ello, pena de privación de oficio.

3. *Libertad de movimiento.*—Por Real Cédula de Carlos V, de 17 de octubre de 1544, se concede a los indios la libertad de cambiar de domicilio y sacar de uno a otro sitio sus ganados y muebles [20].

4. *Libertad de trabajo.*—El indio tiene derecho a contratar libremente sus servicios y percibir un sàlario en remuneración. La Tasa de Esquilache dispuso para Chile que la duración de los contratos de trabajo era de un año, renovable a voluntad, y decretó normas especiales para las labores domésticas, de las minas y de los campos.

5. *Libertad de comercio.*—Por sucesivas Reales Cédulas de Carlos V de 1521, 1523 y 1534, se prohibió a los españoles forzar a los indios a comerciar con ellos.

6. *Derecho de propiedad.*—En las Ordenanzas dictadas por Carlos V en 1523 se dispone que no se puede privar a los indios de sus propiedades, sin que primero se les pague su valor.

7. *Libertad de matrimonio.*—Fernando el Católico en 1514 y Felipe II en 1556, garantizaron a los aborígenes el derecho a casarse libremente, con indios o con españoles.

Por su parte los pobladores de Chile, de origen español, gozaron bajo los Austrias de las siguientes garantías fundamentales:

1. *Derecho a la adecuada administración de justicia.*— La legislación castellana aplicable en Indias dejaba sin efecto toda carta real que ordenare matar o prender a alguien, despojarle de sus

[20] Sobre este tema véase a Silvio Zavala: "La libertad de movimiento de los indios de Nueva España", en "Estudios Indianos", págs., 357-431, México, 1948.

bienes y suspender o sobreseer procesos pendientes, disponiendo que el acusado fuese oído y juzgado previamente [21]. Como una aplicación del principio de que nadie puede ser detenido sino por justa causa y para ser puesto a disposición del tribunal competente, el Cabildo de Santiago, que ejercía funciones judiciales, consagró por acuerdo del 10 de agosto de 1606, la obligación del alcaide de la cárcel de darle cuenta de los presos que tenía bajo su custodia [22]. En fin, el tratadista indiano, don Juan de Solórzano Pereira, consagra el principio de que los jueces no pueden despojar a nadie de lo que le pertenece sin oír a las partes, "porque ni aún al príncipe, si no es de potestad absoluta, le es lícito privar a nadie de hecho de su posesión, y aunque por ello no le podamos hacer reo, le juzgamos como a despojador, para lo tocante al amparo y restitución del despojado" [23].

2. *Libertad de correspondencia y derecho de petición.*—Desde los comienzos de la colonización, Fernando el Católico garantizó de manera expresa la libre correspondencia de los súbditos de ultramar con la corona y el derecho de éstos de quejarse de los abusos de las autoridades. El interceptar o violar la correspondencia fue sancionado con pena de destierro perpetuo de España y de las Indias. Felipe II en Real Cédula dirigida al marqués de Cañete, Virrey del Perú, de 14 de septiembre de 1592, urge con severas penas a que se respete la inviolabilidad de la correspondencia, como medio de que los vasallos sin temor puedan hacerle llegar libremente sus quejas [24]. Además las ciudades de Chile en-

[21] "Nueva Recopilación": ley 4, tít. 14, libro 4º; ley 6 y 7, tít. 14, libro 4º; ley 7, título 13, libro 4º.

[22] "Colección de Historiadores de Chile", tomo XXI, pág. 345.

[23] Juan de Solórzano Pereira: "Política Indiana", libro II, cap. XXX, 38, Madrid, 1736.

[24] Hanke, ob. cit., segunda parte. cap. 2: "La libertad de palabra en la América del siglo XVI"; Solórzano Pereira, ob. cit., libro II, cap. XIV, 26-28.

viaron con frecuencia procuradores a Lima y a la corte española para dar a conocer la opinión de sus vecinos en los asuntos de mayor gravedad. Así, en los problemas derivados de la aplicación del régimen de encomiendas y del sistema defensivo u ofensivo de la guerra de Arauco, que originaron largos debates y constituyeron la preocupación central del siglo XVII, la corona escuchó el parecer de los súbditos de Chile al través de sus procuradores. Tanto por la correspondencia particular y oficial, como por la voz directa de sus agentes, la comunidad ejerció indudable influencia en la orientación de las normas legislativas dictadas por el Rey para Chile.

3. *Derecho de enervar la ley injusta.*—Ya el derecho castellano, aplicable a América, disponía en la Ley 238 de Estilo que el derecho natural deja sin efecto la ley escrita que lo contraría, haciendo primar las normas objetivas del derecho sobre el abuso del legislador; posición que antes había consagrado la ley 31 del título 18 de la Partida tercera al estampar que: "Contra derecho natural non debe valer privilegio nin carta de Emperador, Rey nin otro señor". En la legislación especial para Indias se advierte que las autoridades y los súbditos están gravemente obligados a cumplir las leyes de la corona, pero en determinados casos pueden no hacerlo sin salirse para ello de la obediencia debida a la suprema autoridad. Tal ocurre cuando las leyes contienen vicios de "obrepción" o de "subrepción", esto es, en el caso de haber sido dictadas por ignorancia o falseamiento de los hechos, o cuando de su cumplimiento se siguiere "escándalo conocido o daño irreparable". En todas estas circunstancias es lícito suspender la aplicación de la ley y suplicar ante el Rey su enmienda. La conocida fórmula: "se acata pero no se cumple", que resume esta actitud, está lejos de haber significado, como algunos lo creen, una burla a las órdenes reales, favorecida por la distancia, y sí, en cambio, el ejercicio

de un recurso que la misma legislación consagraba para salvaguardia de los derechos de los súbditos y freno de la autoridad mal empleada de los Reyes [25].

4. *Derecho a participar en los beneficios, cargos administrativos y funciones públicas.*—En general, la ley no contemplaba diferencias entre peninsulares y criollos para proveer los cargos y beneficios de las Indias. Si alguna excepción hace la ley a esta igualdad genérica, es para favorecer a los naturales de América. Así, el goce de encomiendas estaba reservado a los descendientes de los conquistadores, y en la provisión de los beneficios eclesiásticos debía preferirse a los oriundos del Nuevo Mundo. Es verdad que para los cargos de las Audiencias la ley dispone expresamente que no se llenen con gente del mismo sitio y prohibe que los que los desempeñen se casen allí y tengan algún arraigo. Pero estas medidas, lejos de ir en perjuicio de los criollos, que podían ser nombrados en Audiencias de otra jurisdicción, aseguraba a los pobladores la recta administración de justicia, librándola de intereses e influjos familiares. Más adelante habrá ocasión de referirse a la forma práctica en que en Indias se repartían los cargos entre peninsulares y criollos.

5. *Derecho a recurrir contra los abusos de la autoridad.*—Todo funcionario estaba sujeto, al término de su mandato, al juicio de residencia, en que se averiguaba su conducta y se oían las deposiciones que en su contra quisieran hacer españoles o indios de cualquier categoría social. Sin esperar el término del mandato del

[25] "Recopilación de las leyes de los reinos de Indias", libro II, tít. I, leyes XXII y XXIV.

Sobre el incumplimiento de la ley en Indias consúltese: Alfonso García Gallo: "La ley como fuente del derecho en Indias en el siglo XVI", en Anuario de Historia del Derecho español", tomo XXI, Madrid, 1951; Mario Góngora: "El Estado en el Derecho Indiano. Epoca de fundación, 1492-1570", Santiago, 1951; T. Esquivel Obregón: "Apuntes para la Historia del Derecho en México". tomo II, Nueva España, México, 1938.

funcionario, los súbditos podían provocar de manera extraordinaria el juicio de residencia y obtener que se les indemnizaran los perjuicios sufridos [26].

6. *Derecho de rebelión.*—Fundado en el derecho natural que, de acuerdo con la legislación castellana, primaba sobre la ley positiva, se hizo valer en diversas ocasiones el derecho de rebelión contra las autoridades tiránicas. El grito proverbial fue entonces el de: "¡Viva el Rey! ¡Muera el mal gobierno!", equivalente al: "Se obedece pero no se cumple", frente a la ley injusta. En uno y otro caso se salía por los fueros del derecho esencial violado, dejando siempre a salvo la indiscutida fidelidad al monarca. Muestras de esta actitud fueron las rebeliones contra el Virrey de Nueva España, marqués de Gelves, en 1624, y contra Francisco de Mendiola, Gobernador del Paraguay en 1691. También en Chile, en 1655, el pueblo de Concepción, asqueado del nepotismo de don Antonio de Acuña y Cabrera, y frente al desastre a que había conducido uno de sus cuñados el ejército de Arauco, se sublevó al grito tradicional y en Cabildo abierto depuso al Gobernador y alzó en su sitio a don Francisco de la Fuente Villalobos.

5. *EL REGIONALISMO Y LA QUERELLA DE CRIOLLOS Y PENINSULARES*

Desde su llegada a América el colonizador se vincula fuertemente al nuevo suelo y deja atrás en el recuerdo y hasta en el afecto la cuna originaria. Pedro de Valdivia llega a decir al César Carlos que su interés "no es comprar un palmo de tierra en España, aunque tuviese un millón de ducados", sino arraigarse él y sus des-

[26] José María Mariluz Urquijo: "Ensayo sobre los juicios de residencia indianos", Sevilla, 1952; José María de la Peña y Cámara: "A List of Spanish Residencias in the Archives of the Indies, 1516-1775", Washington, 1955.

cendientes en Chile. En las Indias se trasplanta así la tendencia regionalista española y pronto aquí como en la península triunfa el particularismo local, la patria chica. Sólo la persona del Rey queda como nexo fuerte con la metrópoli, como mantenedora de la unidad de una familia desparramada por distantes latitudes.

No es que el colono de América niegue conscientemente su condición de español; es que un impulso natural le hace sentirse antes que español, peruano, quiteño, chileno. Cuando Pedro de Oña publica en Lima su *Arauco Domado* en 1596 y hace recuerdos de Chile y de su gente, no olvida consignar con satisfacción que todo eso lo sabe porque es de la "patria mía". Cuando Alonso de Ovalle llega hasta Roma enviado por la Provincia chilena de la Compañía de Jesús, siente la necesidad de hablar de su extremo e ignorado terruño y publica en 1646, en la Ciudad Eterna, su *Histórica relación del reino de Chile,* que no es una obra científica de erudición, sino el desahogo poético de un corazón preñado de nostalgia.

Este apego amoroso al suelo natal, este triunfo de la patria chica sobre el sentido unitario de nación, trae como inevitable consecuencia en el indiano un desapego hacia lo foráneo que puede derivar en hostilidad cuando el extraño viene con ánimo de suplantarle. Ya Pedro de Valdivia notificaba a Carlos V, en 1545, de que se guardase de enviar de España o del Perú capitán "que me perturbe", porque "la tierra está tan vidriosa que se quebraría y el juego no se podría tornar a entablar en la vida". Y el cronista Fray Reginaldo de Lizárraga ha conservado una escena que habla por sí sola de la convicción que asistía al fundador de Chile de que cortesanos sin heroísmo vendrían a quitar a los herederos de sus aguerridos compañeros de armas el fruto de sus sudores. Preguntado por estos últimos, luego de fundada la ciudad de Valdivia, cuál era la razón de encontrarse tan mustio y callado, contestó:

"La causa de parecer estoy triste es que se me ha representado aquí agora que están en Valladolid los niños en las cunas y otros que se andan paseando y pasearán por ella muy pintados con medias de aguja y zapatos acuchillados, que han de venir a gozar de nuestros trabajos, y nuestros hijos y nietos han de morir de hambre..." [27].

Cien años después, un escritor criollo, don Francisco de Pineda y Bascuñán, iba a condolerse del desgobierno de Chile, atribuyéndolo a que el poder lo ejercían voraces e inescrupulosos peninsulares y jamás un hijo de la tierra. Llegó a recordar que cuando Dios amenazó al pueblo de Israel con castigos, le señaló entre ellos el que se vería regido por forasteros. Grande deberían ser, a su juicio, las culpas de los chilenos, para que fueran asimismo castigados con "superiores extraños, forasteros jueces y enemigos" [28].

Estas expresiones las vertía Pineda Bascuñán poco después de concluído el atropellador gobierno de don Francisco Meneses y a menos de cuatro lustros de la deposición del nepotista don Antonio de Acuña y Cabrera por un cabildo abierto. El recuerdo de estos deficientes mandatarios movió sin duda la pluma dolorida del autor del *Cautiverio feliz*. Pero su juicio es demasiado absoluto y generalizador y no se compadece con el testimonio de los diversos cronistas del siglo XVII que salva la calidad de la mayor parte de los gobernadores de Chile en esa época. Así, de Alonso García Ramón, que muere, en 1610, en la completa indigencia, dice Diego de Rosales que era "hombre magnífico en las distribuciones a la gente de guerra, liberal con los pobres y con todos afable... y fue tan amado de todos que su muerte causó general sentimien-

[27] Fray Reginaldo de Lizárraga: "Descripción y población de las Indias", Lima, 1908.

[28] Francisco Núñez de Pineda y Bascuñán: "Cautiverio feliz y razón de las guerras dilatadas de Chile", "Colección de Historiadores de Chile", tomo III, págs. 421-423, Santiago, 1863.

to". De Alonso de Ribera, que fallece asimismo en el ejercicio del gobierno, en 1617, dice Ovalle que "era este gran capitán grande en todo, en su sangre, en su valentía, en su nombre adquirido con tan grandes hazañas en las guerras de Europa antes de pasar a las de Chile y en la buena traza y disposición de su acertado gobierno". Como su predecesor, dejaba a su familia en la mayor pobreza. Sobre don Lope de Ulloa y Lemus, que a igual que los anteriores muere en el ejercicio del cargo, en 1620, abundan los juicios favorables de sus contemporáneos, por su gran probidad y delicadeza en los manejos de la hacienda real. Altamente honrosa es la opinión que consigna el cronista Tesillo de don Francisco Laso de la Vega y también muy digna la que da Rosales del marqués de Baides. La memoria del gobernador don Martín de Mujica quedó ligada a su gran caridad con los pobres. En fin, acerca de don Pedro Porter Casanate, el cronista Rojas Fuentes dice que fue "ministro muy vigilante y celoso del real servicio y bien común".

Si la cerrada crítica de Pineda Bascuñán al gobierno de los forasteros se estrella contra los abundantes testimonios de la época y no puede acogerse como valedera, sirve, en cambio, como muestra del resentimiento que por entonces albergaban los criollos por la posposición de que se sentían objeto en el desempeño de los cargos públicos. El mismo Pineda Bascuñán reconoce que existe malquerencia entre chilenos y peninsulares, y aunque su razón le hace afirmar que no participa de esta actitud, su inconsciente no le permite librarse de ella. Por algo se queja de que en los últimos cincuenta años "no se ha visto ocupado en los oficios mayores de Sargento Mayor y Maestre de Campo General ningún hijo de la patria, que son los oficios más preeminentes de la milicia"; y añade que si alguna vez se llamó a algún criollo para ejercerlos, fue sólo para salvar un momento difícil, pues luego de desaparecer el obstáculo le cambiaron al instante. No obstante, él era ya Maestre

de Campo General desde hacía tres lustros cuando escribió estas
líneas y ejercía por entonces el gobierno de la plaza de Valdivia.

Cualquiera que fuese la circunstancia personal de don Francisco
de Pineda, es indudable que en su obra apuntó un hecho en esencia verdadero. Sea que por la distancia y las difíciles comunicaciones con la corte, los hijos del reino de Chile no lograban ser oídos
en sus pretensiones burocráticas con la misma presteza que los
aspirantes peninsulares próximos al monarca; sea que por la escasa
población del país y su menor núcleo ilustrado, la corte hallase
pocos chilenos aptos para confiarles funciones administrativas, eclesiásticas y militares de gran responsabilidad [29]; sea que por la
carencia de cátedras de derecho en Chile resultara difícil que se
proveyese en un natural de este reino una plaza de togado, a
menos que hubiera ido a Lima a hacer sus estudios [30]; sea, en fin,

[29] La ciudad de Concepción, verdadera capital militar del reino, tenía al
comenzar el siglo XVII, ciento cincuenta casas, según nos lo dice el cronista Alonso González de Nájera. La siguiente estadística de sus vecinos y
moradores que en 1603 estaban en condiciones de cargar armas, prueba
que la mayor parte de ellos eran peninsulares y de otras regiones de América, llegados al país como refuerzo para la interminable guerra de Arauco:

Peninsulares	72
Americanos	16
Chilenos	13
Europeos	6
Mallorca	1
Canarias	1
Total	109

No es extraño que por estas circunstancias los cargos directivos del ejército
estuvieran generalmente en manos forasteras. (Roberto Oñat y Carlos
Roa: "Régimen legal del ejército en el reino de Chile"; Santiago, 1943,
pag. 141, nota 317).

[30] No sabemos que aparte de don Francisco Pastene, Fiscal interino de la
Audiencia de Chile en 1609; don Juan de la Cerda Contreras, Fiscal
de la misma de 1668 a 1676, y don Tomás Pizarro y Cajal, Oidor de las
de Guadalajara (1668-80) y de Santo Domingo (1680-86), haya habido
otros chilenos que ocuparan plazas de togados es el siglo XVII.

que el nacimiento en Indias fuese objeto de menosprecio y tenido en nota de inferioridad, por algunos españoles engreídos, el hecho es que a lo largo de los siglos XVI y XVII los chilenos sólo escalan por excepción los cargos más representativos. De treinta y cuatro gobernadores que tuvo Chile en esas centurias, tres fueron criollos y de ellos uno chileno: el interino Diego González Montero. Entre los diecinueve Obispos que rigieron en la misma época las dos sedes chilenas, se encuentran también tres criollos, pero todos forasteros. A manera de débil compensación, algunos hijos de la tierra sobresalen fuera de ella, como don Francisco de Andía-Yrarrázaval, marqués de Valparaíso, que ejerció el Virreinato de Navarra, y fray Alonso Briceño, que fue Obispo de Nicaragua y de Caracas [31].

¿Eran, por ventura, los naturales de las Indias personas desprovistas de toda cualidad para asumir responsabilidades directivas? No parece que así fuera, pues hay testimonios imparciales que acreditan sus buenas prendas. Alonso González de Nájera, peninsular que militó seis años en las guerras de Arauco y que en 1614 recogió por escrito agudas observaciones sobre la vida chilena, habla con admiración de los criollos, subrayando que sus hazañas yacen olvidadas, aunque en la guerra "muestran el valor que ignora nuestra España", y añadiendo que son "de claro ingenio y de ilustres y altos pensamientos, liberales y generosos", y acertados cultivadores de las letras, "como dan de ello testimonio aquellos pocos a quien las armas han dado lugar a profesarlas" [32].

Por su parte el notable jurista madrileño don Juan de Solórzano Pereira, que luego de servir en la Audiencia de Lima, vuelve a la corte a ocupar una plaza en el Consejo de Indias y preparar la recopilación de las leyes americanas, no sólo lleva consigo la per-

[31] Barros Arana, ob. cit., tomo V, págs. 353-354.
[32] Alonso González de Nájera: "Desengaño y reparo de la guerra del reino de Chile", pág. 37, Santiago de Chile, 1889.

suasión de que los criollos son aptos para el ejercicio de las funciones públicas, sino que se les ha mirado con injusto desdén, olvidando que son verdaderos españoles, iguales a los peninsulares en derechos. Con calor los defiende de los ataques y generalizaciones despectivas de que suelen ser objeto, y haciéndose eco del parecer de otros autores, reclama la preferente provisión en ellos de los cargos civiles y eclesiásticos de las Indias. Da como razones que aconsejan la prelación de los naturales, las siguientes: 1º "se puede probablemente entender que serán más aptos para los ministerios referidos por el mayor amor que tendrán a la tierra y patria donde nacieron", mientras los extraños, "porque no aman las Indias, ni piensan perseverar en ellas, sólo tratan de disfrutárselas"; 2º "por la pericia del idioma o lengua que hablan los indios de la misma tierra, la cual maman en la leche los nacidos en ella y la aprenden tarde y mal los que vienen de fuera"; 3º porque "los criollos pocas veces consiguen en España premio alguno por sus estudios, méritos y servicios, y si también se sintiesen privados de los que pueden esperar en sus tierras y que se los ocupaban los que van de otras, podrían venir a caer en tal género de desesperación, que aborreciesen la virtud y los estudios, pues pocos hay que los siguen sin esperanza de alcanzar por ellos alguna honra, premio y utilidad . . ." [33].

[33] Solórzano Pereira. ob. cit., libro II, cap. XXX y libro IV, cap. XIX.

IV. LOS BORBONES Y LA VIDA POLITICA INDIANA

1. *NUEVAS ORIENTACIONES POLITICAS*

Las continuas y poco afortunadas luchas de armas del siglo XVII, la independencia de Portugal, los intentos separatistas catalanes, la postración económica, la inepcia del último de los Austrias, Carlos II, y a su muerte, en 1700, la guerra de sucesión que desmembró su herencia, tornan viva y palpable en el alma española la certidumbre de la decadencia patria. Brota entonces la crítica para diagnosticar los males y ofrecer los remedios. Frente a la tradición anquilosada, se oponen la razón y el progreso, y el modelo francés apunta como ejemplo.

Más pragmática que filosófica, la nueva postura propicia el arreglo de las finanzas, el estímulo de la educación, el desarrollo de la industria, el ensanche del comercio y la realización de grandes obras públicas. Se mira a la corona como el brazo ejecutor de todas estas empresas renovadoras y por eso se la quiere premunir de la mayor autoridad para llevarlas a efecto, cosa que por lo demás, se aviene con las tendencias importadas por la nueva dinastía de Borbón que inaugura el siglo XVIII en España.

En efecto, la vieja doctrina política nacional, que concibió el Estado como el engarce armonioso de dos elementos dispares: la corona y el pueblo, va cediendo paulatinamente su sitio a la teoría francesa de la divinización de la autoridad real. Ahora el monarca recibe directamente de Dios el poder sin mediación alguna de la comunidad. Sólo a El debe cuenta de sus actos, que han de orientarse en beneficio del pueblo, pasivo receptáculo de los favores del monarca.

La fórmula de Luis XIV: "El Estado soy yo", constituye para

sus descendientes, los Borbones de España, no tanto una doctrina que hay que plantear intelectualmente, como una norma de gobierno que es preciso imponer en la práctica. La centralización se va realizando paulatinamente en la vida política. La corona de Aragón pierde su personalidad y es anexada como provincia de Castilla. Se crean los Intendentes en España e Indias como agentes directos del Rey. Los Consejos se debilitan y ceden su importancia a las Secretarías, cuyos titulares despachan directamente con el monarca. Desde luego el Consejo de Indias ve menoscabadas sus atribuciones en beneficio de la Secretaría de Marina e Indias creada en 1714 y que con diversos cambios subsiste hasta 1790. A partir de entonces, los asuntos de América cesan de sustanciarse por ministros especiales y pasan al conocimiento de las demás Secretarías de Estado según la materia. En esta forma se consuma el proceso unificador de la monarquía hispano-indiana, fundiéndose en un todo la pluralidad de reinos de uno y otro lado del Atlántico, que ahora ya no reciben este título, sino el de "dominios". La vieja concepción de la monarquía patrimonial, en que el Rey sirve de enlace a diversos reinos, ha dejado así su sitio a la idea de una monarquía nacional [34].

[34] Sobre la época de la "ilustración" en España, pueden consultarse: Luis Sánchez Agesta: "El pensamiento político del despotismo ilustrado", Madrid, 1953; Vicente Palacio Atard: "El despotismo ilustrado español", en "Arbor", Nº 22, Madrid, 1947; Vicente Rodríguez Casado: "La revolución burguesa del siglo XVIII español", en "Arbor", Nº 61, Madrid, 1951; Idem: "La política interior de Carlos III", Valladolid, 1950; Idem: "Iglesia y Estado en el reinado de Carlos III", en Estudios Americanos", Nº 1, Sevilla, 1948; Idem: "El intento español de "ilustración cristiana", en "Estudios Americanos", Nº 42, Sevilla. 1955; Patricio Peñalver: "Modernidad tradicional en el pensamiento de Jovellanos", Sevilla, 1953; G. Delphi: "L'Espagne et l'esprit européen. L'oeuvre de Feijóo", París, 1937; Jean Barrailh: "L'Espagne eclairée de la seconde moitié du XVIIIe siecle", París, 1954; L. M. Enciso: "Nipho y el periodismo español del siglo XVIII", Valladolid, 1956.

2. *LA EXPULSION DE LOS JESUITAS*

Intima relación con la política centralizadora de los Borbones guarda su actitud frente a la Iglesia. No sería exacto atribuir a la nueva dinastía el haber iniciado en España la postura regalista, puesto que ella se advierte firme y sostenida durante los Reyes Católicos y la casa de Austria. Pero es indudable que la actitud de predominio del Estado sobre la Iglesia se acentúa ahora y cobra impulso con la importación de las ideas galicianas. Por otra parte la irreligiosidad que tiñe la cultura de la "ilustración" en Francia, si bien no logra en España un eco correspondiente, se hace notar en ciertos hombres de gobierno del reinado de Carlos III, pese a la indudable piedad del monarca, y sería difícil no ligar en alguna forma a su influencia la orden de expulsión de la Compañía de Jesús de todos los dominios españoles.

Escapa a los propósitos de este ensayo el análisis de las causas de tan sensacional medida, lo que está aún por hacerse con objetividad y hondura; pero no hay duda que, junto a los factores de orden religioso y social que concurrieron en su determinación, ha de colocarse también el obstáculo que a las teorías del origen divino de la realeza oponía la antigua tesis de la generación popular de la soberanía sustentada por brillantes teólogos y moralistas jesuítas. Conocido es el fervor del influyente Campomanes por exaltar el absolutismo monárquico y asimismo los calificativos de sacrílega, seductiva, subversiva y herética que da a la doctrina que justifica la sublevación de los súbditos contra los gobernantes, que a su parecer están entregados sólo al juicio de Dios [35]. El escándalo demostrado por el ministro de Carlos III, que tanto contrasta con la actitud de los monarcas de la casa de Austria y la de los Inquisidores de su tiempo, que permiten libremente la circulación

[35] Sánchez Agesta. ob. cit., pág. 108.

de las obras de Suárez, Molina y Mariana, donde se condena la tiranía, no sólo demuestra la importancia que tuvo el ideario filosófico-político de los jesuitas en su expulsión, sino también la forma parcial y exagerada con que fue presentado el mismo para justificar la medida.

Las consecuencias del extrañamiento de la Compañía de Jesús de todos los dominios españoles, decretada en 1767, se hicieron sentir de una manera particularmente grave en los territorios americanos, donde sus arraigos e influencias sociales eran muy hondos. En Chile, por ejemplo, la importancia de la Orden era decisiva en el campo educacional. Sólo en el Obispado de Santiago mantenía catorce establecimientos docentes con más de mil estudiantes, impartiéndose en varios de ellos la enseñanza de la filosofía de acuerdo con los principios y autores de la escuela jesuita. Además, desde 1759, regentaba gratuitamente en la Real Universidad de San Felipe, de Santiago, la cátedra del maestro Francisco Suárez, sin duda el más eximio expositor que España y la Compañía tuvieron de la doctrina del origen popular del poder.

La expulsión de los religiosos puso término al magisterio que ejercían en el país y desencadenó, como secuela, una persecución a los tratadistas de la Orden. Ya al año siguiente del extrañamiento, al abrirse en Santiago por cuenta del Gobernador Guill y Gonzaga, el antiguo Convictorio jesuita de San Francisco Javier, entregado esta vez a la dirección de dos clérigos seculares, se deja expresa constancia en las constituciones que no ha de enseñarse allí la filosofía de Suárez [36]. Además una Real Cédula de 18 de octubre de 1768, reiterada pocos días después, declaró extinguidas en todas las Universidades y estudios de América las cátedras de la llamada escuela jesuita y prohibió el uso de sus autores en la enseñanza. Notificado de esta orden el claustro universitario de

[36] Barros Arana, ob. cit., tomo VI, págs. 311-312.

47

San Felipe, acordó en agosto del año siguiente expresar al Gobernador que pondría "la mayor atención a que en esta Universidad se lean y enseñen las más seguras y sanas doctrinas" [37]. El monarca, por ótra parte, se encargaba ya de procurárselas, recomendando en otra Real Cédula la obra *Incommoda Probabilismi*, en que el dominico Luis Vicente Mas de Casavalls atacaba las direcciones teológicas jesuítas; y ordenando, por añadidura, que a los graduados y catedráticos de la Universidad se les exigiese juramento al recibir el grado o tomar posesión de la cátedra, de que no oirían ni enseñarían, aun a título de probabilidad, lá doctrina del regicidio y tiranicidio [38]. Con esto se aludía a la teoría sustentada, entre otros, por el célebre Juan de Mariana, que los enemigos de la Compañía habían transformado en voz de orden de la misma. Y como la biblioteca de los jesuítas chilenos pasó a poder de la Real Universidad de San Felipe, para completar aún las precauciones, se comisionó al presbítero don Gregorio Cabrera para que la expurgara de toda obra contraria a la ideología oficial de la corona [39].

Pero la persecución del pensamiento de los jesuítas no iba a quedar circunscrita al solo campo de la especulación univérsitaria, sino que se extendería a terrenos más íntimos, tocando para ello los recursos más delicados. Ya en marzo de 1768 la corona había instruído a las autoridades eclesiásticas de Chile para que en todas las oportunidades de su ministerio, inculcaran en los fieles la veneración al Rey y al gobierno, "como punto grave de conciencia". Y poco después, el 21 de agosto de 1769, el monarca, haciendo valer

[37] José Toribio Medina: "Historia de la Real Universidad de San Felipe de Santiago de Chile", tomo I, pág. 133 y tomo II, pág. 122, Santiago, 1928.

[38] Amunátegui: "Los precursores de la independencia de Chile", tomo I, pág. 279, Santiago, 1909.

[39] Medina, ob. cit., tomo I, pág. 476.

su carácter de Patrono de la Iglesia en Indias, se permitió convocar a un Concilio provincial en Lima a los obispos sufragáneos de ese Arzobispado, entre ellos los dos de Chile, para proscribir los autores jesuítas, "restableciendo la enseñanza de las divinas letras, Santos Padres y Concilios; y desterrando las doctrinas laxas y menos seguras, e infundiendo amor y respeto al Rey y a los superiores, como obligación tan encargada en las divinas letras". Pero, a pesar de la presión de los funcionarios de la corona, el Concilio eludió un acuerdo categórico en los puntos esenciales y el Rey, defraudado en sus propósitos de usar del resorte de las conciencias en favor del absolutismo, no dio curso a los acuerdos de la reunión y los mandó archivar [40].

No por eso la batalla se dio por terminada. Los agentes de la administración aguzaron sus oídos para captar cualquier detalle que pudiera ir en menoscabo de la sumisión reverencial a la persona divinizada del monarca. Y en esta tarea de vigilancia demostró, sin duda, un particular celo el Gobernador don Ambrosio O'Higgins, cuya adhesión a la corona le llevó a ahogar el más leve indicio de infidelidad, ora sobresaltándose en agosto de 1790 porque en una disputa filosófica sostenida en la Universidad acerca del origen divino de la autoridad real, uno de los concurrentes impugnó esta doctrina con fuertes argumentos, ora alegrándose algunos meses más tarde cuando un estudiante se permitió refutar allí el sermón de un mercedario que sostenía la independencia de la Iglesia frente al poder político.

A esta tarea persecutoria de la doctrina política tradicional, se alió la de propagar los dogmas del poder absoluto. Si no en Chile, por lo menos en sus comarcas vecinas encontramos buenos expositores de esta tendencia. Fray José Antonio de San Alberto, Obispo

[40] Carlos Silva Cotapos: "Don Manuel de Alday y Aspée, Obispo de Santiago de Chile", págs. 45-53, Santiago, 1917.

de Córdoba del Tucumán y después Arzobispo de Charcas, publica un *Catecismo Real* destinado a la enseñanza política de sus feligreses. En veinte lecciones remonta el origen de la monarquía a Dios, de quien deriva exclusivamente toda potestad, y advierte que ni en la generación del poder, ni en el ejercicio del mismo, toca al pueblo la menor parte. Cualquiera intervención del mismo, constituye "un error seminario de muchos y graves errores". "Un Rey dentro de su reino no reconoce en lo civil y temporal otro superior que a Dios, ni otra dependencia o sujeción que la que tiene a la Primera Majestad". La sanción al tirano a la manera de Suárez o Mariana, constituye una doctrina herética y sediciosa. Hasta las leyes injustas han de ser cumplidas por los súbditos, no quedando a éstos más recurso que "obedecer y suplicar humildemente".

En una *Breve cartilla real* para los niños de las Provincias del Paraguay, compuesta por el Gobernador de esta provincia, don Lorenzo de Ribera, se sigue análoga doctrina. Y en la Memoria presentada el mismo año por el Virrey del Perú y antes de Nueva Granada, don Francisco Gil de Taboada y Lemus, se proclama a los monarcas como "los sagrados sustitutos del mismo Dios para el temporal gobierno de sus pueblos" y como "los autores de las leyes civiles", sin que se acepte en los Cabildos más prerrogativas que las que el monarca libremente les conceda [41].

[41] Francisco Elías de Tejada: "El pensamiento político de Fray José Antonio de San Alberto", en "Universidad de San Francisco Javier", N.os 37-38, Sucre, enero-julio de 1951; y en "Anuario de Estudios Americanos", tomo VIII, Sevilla, 1951. Guillermo Furlong: "Nacimiento de la filosofía en el Río de la Plata, 1536-1810", Buenos Aires, 1952; Richard Konetzke: "Ideas políticas del Virrey Francisco Gil de Taboada", en "Mar del Sur", N° 20, vol. VII, págs. 44-55, Lima, 1952; Enrique Sánchez Pedrote: "La idea del poder en dos Virreyes neogranadinos", en "Estudios Americanos", N° 56, Sevilla, 1956; Barros Arana: ob. cit., tomo VII, pág. 316.

Si el proceso de la centralización administrativa, alentado tan firmemente por los Borbones, y la persecución a toda doctrina limitadora del poder real, parecerían no dejar margen a la comunidad para hacerse presente en la vida política, otras circunstancias vinieron, no sólo a mantener, sino hasta alentar esta participación. El incremento de la lectura y la influencia de la Universidad de San Felipe en la segunda mitad del siglo, ayudan a la maduración del elemento criollo en Chile. Igual efecto produce la Real Cédula de 1703 que dispuso que los pobladores chilenos diseminados en los campos se agrupasen en ciudades para facilitar la administración de la justicia y el desarrollo de la educación. El paso no fue sólo de importancia civilizadora, sino también política. En varias de las nuevas urbes se instituyeron Cabildos, lo que importó crear una escuela de adiestramiento cívico para sus habitantes.

Aunque el Cabildo de Santiago no recobra toda la importancia política que tuvo en el siglo XVI, antes de la instalación de la Audiencia, está muy lejos de ser un organismo sin influencia. A él se debe, bajo los Borbones, el que se creara en la capital del reino la Universidad de San Felipe, el que se autorizara la fundación de la Casa de Moneda y el que se emprendiera una obra de gran importancia para la economía agrícola, como fue la construcción del canal del Maipo. El anhelo de bien público y de progreso de los criollos encuentra allí un sitio donde manifestarse sin obstáculo.

Por otra parte, las garantías individuales de que habían gozado los súbditos en tiempo de los Austrias, se mantienen inalteradas y hasta logran, a veces, un más explícito reconocimiento. En la Instrucción de Regentes expedida en Aranjuez en 1776, se previene que estos nuevos miembros de las Audiencias deberán tomar razón, por lo menos semanalmente, de los presos que hubiere en la cárcel por orden del Virrey o Gobernador, a fin de impedir que se les remita a presidio o destierro o se les imponga una pena corporal, sin haber pasado antes los antecedentes a la Sala del crimen para su conocimiento. Además, en la Instrucción para el Alcaide de la cárcel de Santiago, confeccionada en 1778 por el Fiscal de la Audiencia, don Ambrosio Zerdán, se dispone que "no se recibirá preso alguno sin orden positiva del juez competente", extendiendo esta norma aún para los esclavos.

La imagen de un gobierno arbitrario y despótico, fraguada como lógico corolario de la revolución de la independencia, no encuentra en estos antecedentes ningún asidero. Si la vida política de los criollos era restringida, los demás derechos esenciales, muy caros al alma hispana, estaban suficientemente asegurados y la autoridad de los Gobernadores se ejercía indudablemente en bien de los súbditos. Las administraciones de Manso de Velasco, Ortiz de Rozas, Amat, Jáuregui y O'Higgins, para no nombrar sino algunas, quedan como ejemplo de laboriosidad y espíritu de progreso. De acuerdo con el concepto estatal dominante, la participación política restada al pueblo, le era devuelta en beneficios de orden espiritual y material: ensanche de la instrucción, fundación de nuevas ciudades, fomento de las obras públicas. El lema del "despotismo ilustrado": "Todo para el pueblo, sin el pueblo", encontraba así su plena aplicación.

4. *DEL ESTADO PATRIMONIAL AL ESTADO NACIONAL*

El visible desagrado con que se recibió en algunos sitios de América la orden de extrañamiento de los jesuítas, fue un índice de la personalidad que iban adquiriendo los súbditos de ultramar, que no se escapó a la perspicacia de los gobernantes madrileños. En posesión de datos recibidos de México, el Consejo extraordinario de 4 de marzo de 1768, presidido por el Conde de Aranda e integrado por los fiscales Campomanes y Moñino, futuro Conde de Floridablanca, se abocó al grave problema de hacer más estrechos los vínculos entre España y las Indias. A juicio de los dos últimos, era preciso destruir la impresión dominante en América de que el gobierno de Madrid sólo pretendía sacar de allí ganancias y que los que llegaban a esas tierras iban movidos del único propósito de enriquecerse a su costa. Para romper este prejuicio y crear en los americanos sentimientos de amor a la metrópoli, era necesario unirlos con los fuertes vínculos del interés. "Urge en el día —apuntaron los fiscales— atraer a los americanos por causa de estudios a España, formando un establecimiento honroso y lucido con este fin; darles en la tropa un número determinado de plazas; tener algún Regimiento de naturales de aquellos países dentro de la Península, y guardar la política de enviar siempre españoles a Indias con los principales cargos, Obispados y Prebendas, y colocar en los equivalentes puestos de España a los criollos; y esto es lo que estrecharía la amistad y la unión, y formaría un solo cuerpo de nación, siendo los criollos que aquí hubiese, otro tanto número de rehenes para retener aquellos países bajo el suave dominio de S. M."

De acuerdo con este programa de reformas, una Real Orden de 21 de febrero de 1776 mandó a la Cámara de Castilla proponer a americanos "para prebendas eclesiásticas y plazas togadas en las iglesias y tribunales de España", y a la Cámara de Indias hacer otro tanto con peninsulares para análogos cargos del Nuevo Mundo, "con expresa declaración de que siempre se reserve la tercera parte de canonicatos y prebendas de aquellas catedrales a los españoles indianos". En igual año se comunicó a los Virreyes y Gobernadores de América que a los naturales de ella que entraren a servir de cadetes en los cuerpos fijos enviados a guarnecer esos dominios, se les concederían los mismos ascensos que a los europeos. Por Real Orden de 6 de abril de 1793 se creó, dentro del Real cuerpo de Guardias de Corps, la Compañía española de caballeros americanos; y, en fin, en 1792, se ordenó fundar en Granada el Real Colegio de nobles americanos [42].

Tanto en el Consejo extraordinario de 1768 como en las medidas que le siguieron, se advierte el propósito arraigado de los gobernantes españoles, a que ya aludimos en páginas anteriores, de superar la antigua concepción de la monarquía según la cual las Indias eran un patrimonio de la Corona unido a los demás reinos peninsulares por la persona del monarca. El florecimiento cada vez mayor de las provincias ultramarinas, hacía temer con razón de que el acentuado espíritu localista allí advertido, acabara en un momento por conspirar gravemente contra la unidad de la gran monarquía. De este peligro se precavían los estadistas peninsulares, fomentando en los americanos los vínculos con la metrópoli y favoreciendo paulatinamente la transformación del Estado patrimonial en un Estado nacional.

Pese a los esfuerzos realizados, no fue posible obtener el efecto que se apetecía. El fuerte amor a la tierra natal y la paulatina toma de conciencia de los criollos, acentuaron en ellos el apego a la patria chica y les hicieron impermeables a una visión amplia y nacional de la monarquía hispana. La vieja querella de criollos y europeos por el reparto de los empleos de las Indias, originada bajo los Austrias, se mantuvo firme y hasta se agudizó en el siglo de los Borbones, a pesar de que los naturales de América habían conseguido un indudable predominio en la burocracia y logrado aun escalar en la península honrosas dignidades. El que lea declaraciones como las del Obispo de Concepción, don Francisco José

[42] Richard Konetzke: "La condición legal de los criollos y las causas de la independencia", en "Revista de Estudios Americanos", Nº 5, Sevilla, 1950.

Marán, en 1786, al de Santiago, don Manuel de Alday, sobre el temor que se le niegue el traslado a la sede de Arequipa, su ciudad natal, "en pena del pecado original que es haber nacido en Indias" [43], podría sacar la consecuencia de que sólo por excepción y venciendo grandes obstáculos, los criollos alcanzaban entonces alguna dignidad en la Iglesia. Pero, aparte de que el quejumbroso Obispo fue también nombrado en Arequipa como antes lo había sido en Concepción, sin que en una y otra oportunidad le resultase estorbo su origen americano, hay también que recordar que de los nueve Obispos que tuvo Santiago entre 1708 y 1807, y de los ocho que gobernaron la diócesis de Concepción entre 1704 y 1806, sólo dos en cada caso fueron peninsulares [44]. Es verdad que la mayoría de los criollos que ocuparon esas sedes no eran nacidos en Chile, pero asimismo lo es que nueve hijos del país fueron honrados con mitras en otras diócesis del Nuevo Mundo entre 1701 y 1810 [45].

Lo que se ha dicho de la Iglesia, puede añadirse de los empleos militares y civiles. Barros Arana anota al respecto, en su magna *Historia:* "Encontramos en el Archivo de Simancas varios legajos de hojas de servicios de los oficiales que en los últimos años del siglo XVIII y en los primeros del siguiente servían en Chile en los

[43] Silva Cotapos, ob. cit., pág. 171.
[44] Barros Arana: ob. cit., tomo VII, pág. 438, nota.
[45] Fueron éstos: don Diego González Montero, Obispo de Trujillo de 1715 a 1718; don Alonso del Pozo Silva, Obispo de Córdoba del Tucumán en 1711 y Arzobispo de Charcas en 1731; don Manuel Gómez de Silva, Obispo de Cartagena de 1725 a 1736; fray Diego de Salinas Cabrera, Obispo electo de Panamá en 1741; don Pedro de Azúa Iturgoyen, Arzobispo de Santa Fe de 1745 a 1752; don Pedro de Rojas Argandoña, Obispo de Córdoba del Tucumán y Arzobispo de Charcas de 1745 a 1776; don José Antonio Humeres y Miranda, Obispo de Panamá de 1777 a 1791; don Manuel de Rojas Argandoña, Obispo de Santa Cruz de la Sierra de 1796 a 1804; y don José Antonio Martínez de Aldunate, Obispo de Guamanga de 1803 a 1810.

cuerpos del ejército veterano y en las milicias. Las examinamos detenidamente y tomamos copia de un gran número de ellas. Los oficiales de milicias eran, con pocas excepciones, chilenos de nacimiento, y en el ejército de línea lo era igualmente la mitad más o menos de su número. Este hecho no nos permite aceptar como verdad incuestionable el juicio que muchas veces se ha emitido de que la corte de España negaba sistemáticamente la incorporación de los americanos en los cursos del ejército que guarnecía estas colonias" [46].

Las plazas de las Audiencias, desde la segunda mitad del siglo XVIII, estaban en su mayor parte servidas por americanos. Un apologista del régimen español en Chile durante la guerra de la independencia, pudo componer sin dificultad en 1816 una lista de treinta y seis togados oriundos de la América meridional que por esos años desempeñaban cargos en las Audiencias indianas y peninsulares. De ellos, trece resultaron chilenos y dos entre los mismos con alto empleo en España [47].

[46] Barros Arana, ob. cit., tomo VIII, pág. 342, nota 45.

[47] He aquí la lista que da el manuscrito apologético en referencia, redactado en Chile en 1816 y que se conserva en el Archivo Nacional de Santiago, Fondo Eyzaguirre, vol. 40, pieza 29:

"Don José Baquíjano, don Diego Bravo de Ribero, don Joaquín Fernández de Leiva, chileno (falleció); don Miguel de Eyzaguirre, chileno; don José Félix Campoblanco, don Manuel Antonio Tardío, don Pedro Vicente Cañete, don Pedro José de Arriz, don Cayetano Belón, don Victorino Rodríguez (murió fusilado de orden de Castelli), don Andrés Portocarrero, don Francisco Corrazas, don Juan Nepomuceno Muñoz, chileno; don Antonio Garfias, chileno; don Joaquín Rodríguez-Zorrilla, chileno; don León Pereda, don Andrés de Iriarte, don Pedro Mariano Goyeneche, don José Vidaurre, don Manuel Galeano, don Manuel Irigoyen, don José Acevedo, chileno; don Julián de Leiva, chileno; don Manuel Lastarria, don Manuel Felipe Molina, don Miguel Gregorio Zamalloa, don Francisco Berríos, don José Antonio Fernández, don José Irigoyen, y al fin los señores don José de Santiago Concha, don José Santiago Aldunate y don Manuel Rodríguez, todos chilenos y en Chile; en Valladolid, don Mariano de Roa, chileno, y en Granada, don José Ignacio Guzmán, chileno, que murió hace poco..."

En Chile, como en muchas otras regiones del continente, los criollos tenían la víspera de la revolución emancipadora una indudable hegemonía burocrática. Baste recordar que en septiembre de 1810, al producirse el movimiento juntista, se encontraban los siguientes chilenos al frente de los cargos que se indican: Don Mateo de Toro Zambrano, Gobernador interino del reino; don José Antonio Martínez de Aldunate, Obispo electo de Santiago; don José de Santiago Concha y don José Santiago Martínez de Aldunate, Oidores de la Real Audiencia; don José Santiago Portales, Superintendente de la Casa de Moneda; don Manuel Manso, administrador general de la Aduana, y don José Gaspar Marín, Asesor de la Capitanía General.

A la vista de estos datos, no es posible acoger el argumento tan socorrido de que la revolución de la independencia fue provocada por la injusta y sistemática preterición de los criollos de los cargos públicos. La verdad es que la hegemonía burocrática de éstos era, por lo menos desde mediados del siglo XVIII, incontrastable, pero que el concepto patrimonial del Estado, muy caro a sus espíritus, les hizo, no ya aspirar a la mayoría, sino a la exclusividad de los empleos de sus respectivas provincias y cerrar por completo el paso a los europeos. Que éste era su resuelto propósito lo demuestra la presentación hecha al Rey por la ciudad de México el 2 de mayo de 1771, en que luego de quejarse de la exclusión de los criollos de los primeros cargos civiles, eclesiásticos y militares, afirmaba con audaz franqueza: "No debemos cansar demasiado la atención de V. M. en hacerle presente los derechos que claman por la colocación de los naturales en toda suerte de empleos hono-

---

El manuscrito comenta más adelante: "Por lo que respecta a togados, ya hemos visto que hay un duplo de los que habrían si sólo chilenos se colocasen en su Audiencia, siempre que fuesen excluídos de las otras, como debería ser si excluyesen a los demás de la propia. Por consiguiente, el derecho exclusivo que pretenden les sería más bien nocivo que útil".

ríficos de su país, *no sólo con preferencia, sino con exclusión de los extraños"* [48].

El fundamento utilitario, como soporte de la concepción de una monarquía nacional, tan acariciado por la mente de Campomanes, resultó insuficiente para producir en los americanos vínculos sólidos con la metrópoli. La idiosincrasia afectiva, a fuer de hispana, de los habitantes de las Indias. quedó insatisfecha con razones puramente prácticas, que habrían dejado acaso conforme a pueblos de estirpe sajona. En la época de los Austrias, el ideario de expansión misional y de defensa de la fe contra las herejías, fue capaz de unir las voluntades dispares de los reinos de la península y de las provincias distantes de ultramar, y dar contorno nacional a una política y solidez a una monarquía dispersa por los cuatro puntos del globo. En el siglo de la razón, la política a lo divino ya no encontraba cabida y el pragmatismo con que quería sustituírsela dejaba fríos los corazones y sin impulso a las voluntades. Sólo un estímulo producía aún eficacia y era capaz de ligar en un haz a españoles y americanos: el culto a la majestad real. El absolutismo borbónico había llevado su exaltación a fronteras suprahumanas. Sobre una pléyade de reinos que agudizaban cada vez más su dispar fisonomía, cautelaba aún la unidad el mito de la realeza. ¿Qué quedaría en pie el día en que éste fuera removido?

5. *LA POLITICA ECONOMICA*

Preocupación importante de la administración borbónica en las Indias fue la política comercial. El sistema de monopolio de la Casa de Contratación, ejercido al través de flotas que se despachaban periódicamente de España a los puertos antillanos y del golfo de México, comenzó paulatinamente a ser abandonado. Desde 1719 se autorizó al margen de estas flotas el despacho de navíos directos

[48] Konetzke: ob. cit. en nota 41.

de Cádiz a Chile por la ruta del Cabo de Hornos, y a partir de 1778 fue permitido el tráfico libre de Valparaíso y Concepción con numerosos puertos de la península.

La producción chilena exportable se reducía a efectos agrícolas y cobre en barras. El elevado costo del transporte hacía imposible llevar los primeros a la metrópoli, y la coincidencia de producción impedía colocarlos en Buenos Aires. Quedaba sólo el Perú como mercado de consumo próximo y seguro. Pero la escasez de barcos chilenos hacía que el transporte estuviera entregado casi por completo en manos del comprador que, consciente de su superioridad, fijaba en la práctica los precios. Esta circunstancia hizo depender a Chile del virreinato en el campo económico y creó un fuerte resquemor de los naturales en su contra, que se avivó en los años de la guerra de independencia en que el Perú tomó el estandarte de la causa del Rey [49].

El régimen de libre comercio con la metrópoli, autorizado, como ya dijimos, desde 1778, no produjo en Chile todas las ventajas que se recogieron en otras regiones de América. Cierto que la actividad mercantil se activó y los precios bajaron, para beneficio de los consumidores, pero todo esto a costa de una fuga de capitales del país. En efecto, mientras otras provincias de ultramar enviaban de retorno a España productos como el algodón, el azúcar o el cacao, que en la península no podían cultivarse, Chile sólo podía remitir cobre en barras. Esta escasa exportación chilena produjo un desequilibrio en la balanza de pagos que se compensó con la salida de metales preciosos, lo que trajo consigo en el país una gran escasez de numerario y la consiguiente sobrevalorización del oro.

Para saldar este déficit se señaló por algunos la urgencia de

[49] Inge Wolff: "Algunas consideraciones sobre causas económicas de la emancipación chilena", en "Anuario de Estudios Americanos", tomo XI, Sevilla, 1954.

desarrollar la minería, estimular la pesca de la ballena para la extracción del aceite, ensanchar la producción agrícola, introduciendo en el país nuevos cultivos, como el lino y el cáñamo, y hasta intentar en las regiones del norte de Chile la plantación de la caña de azúcar y del algodón [50]. De esta manera, se pensaba, habría cómo retornar a España las mercaderías que ésta enviaba. Pero gran parte de estas ideas no pasaron de meros proyectos. La balanza de pagos siguió adversa para Chile y el desequilibrio se incrementó en los últimos años del siglo XVIII y primeros del siguiente con el despacho de donativos más o menos voluntarios para ayudar a la metrópoli en sus guerras de Europa.

De seguro la economía chilena se habría entonado con el establecimiento en el país de algunas industrias. El Secretario del Tribunal del Consulado de Santiago, don Anselmo de la Cruz, lo proclamó esto de manera franca en su memoria de 1807. Dijo entonces que los países que se limitan a la agricultura, quedan estagnados; los que combinan la agricultura con el comercio, caminan lentamente; y sólo progresan los que añaden a una y otro la industria. Pero, en verdad, la corona no estaba dispuesta a fomentar esta última en sus dominios americanos. Campomanes y los demás hombres que influyeron en el planteamiento y desarrollo de la política indiana de Carlos III, consideraron al Nuevo Mundo como mercado consumidor de la industria española y de los productos europeos que el comercio monopolista de la metrópoli conducía hasta sus playas. América debía entregar, a cambio, sus materias primas indispensables para el consumo o reelaboración en

[50] Domingo Amunátegui Solar: "Don Juan José de Santa Cruz", en "Anales de la Universidad de Chile", junio de 1897; "Representación hecha al Ministro de Hacienda don Diego de Gardoqui por el Síndico del Real Consulado de Santiago, sobre el estado de la agricultura, industria y comercio del reino de Chile", en "Escritos de don Manuel de Salas y documentos relativos a él y su familia", tomo I, págs. 151-189, Santiago, 1910.

el viejo continente. De esta manera, España se transformaba en una gran potencia comercial, al llevar lo propio y lo ajeno a las Indias, y al traer a la vez de éstas sus frutos para su consumo y el de Europa [51].

Este plan económico descansaba, naturalmente, sobre el presupuesto de que en las Indias no se admitirían industrias. No ha de extrañar pues que la corona resistiera todo incremento de ellas en los dominios de ultramar y que agentes de la misma, como el Virrey del Perú Gil de Taboada y Lemus, se complaciera en comunicar a la corte que la ley del comercio libre de 1778, al producir el abaratamiento de los artículos, había herido gravemente las pocas industrias locales. Y con no escasa clarividencia el Virrey agregaba esta observación en otra de sus cartas: "Es positivo que la seguridad de las Américas se ha de medir por la dependencia en que se hallan de la metrópoli, y esta dependencia está fundada en los consumos. El día que contengan en sí todo lo necesario, su dependencia sería voluntaria y ni las fuerzas que en ellas tengamos, ni la suavidad del gobierno, ni la más bien administrada justicia, serán suficientes a asegurar su posesión" [52].

En 1809 don Anselmo de la Cruz volvió a referirse en la memoria leída en el Tribunal del Consulado de Santiago a la necesidad de dar impulso a la industria chilena, haciendo ver cuán absurdo era que productos salidos del país debieran ir a otros sitios

[51] José Muñoz Pérez: "La idea de América en Campomanes", en "Anuario de Estudios Americanos", tomo X, págs. 209-264, Sevilla, 1953; Ricardo Krebs Wilckens: "Pedro Rodríguez de Campomanes y la política colonial española en el siglo XVIII", en "Boletín de la Academia Chilena de la Historia", N° 53, 1955, págs. 37-72; Ricardo Konetzke: "Estado y sociedad en Indias", en "Estudios Americanos", N° 8, Sevilla; J. Muñoz Pérez: "Los proyectos sobre España e Indias en el siglo XVIII: el proyectismo como género", en "Revista de Estudios Políticos, N° 81"; Madrid, 1955.
[52] Carlos Destua Pimentel: "Concepto y término de *colonia* en los testimonios documentales del siglo XVIII", en "El Mercurio Peruano", N° 300, pág. 692, Lima, septiembre de 1954.

para volver elaborados. "¿Se podrá creer sin rubor —decía— que
de la Inglaterra se nos retorne nuestro mismo cobre fabricado en
piezas? ¿Se podrá ver con denuedo que en todo el mundo se fun-
dan piezas de artillería de este cobre y que nosotros carezcamos
de ellas, y que las pocas que se tienen sean por extraña industria?
¿Será creíble que la munición y las balas, el albayalde y cuanto
del plomo se compone se nos interne de fuera, sin que nuestra
industria se dedique a trabajar las abundantes minas que tenemos de este metal? ¿Podrá creerse sin admiración que de Inglaterra se nos traigan las botas, de Buenos Aires y Mendoza las
pieles curtidas, y de Lima el tafilete, el pintado y la gamuza, y
que nuestra industria no se resuelva a promover estas maniobras,
teniendo en el reino las mejores proporciones naturales para poder
surtir con abundancia y mejoría de estas especies a los mismos
reinos y provincias que las mandan? ¿Cómo podremos mirar con
indiferencia que los ingleses y angloamericanos nos arrebaten el
tesoro del aceite de ballena y comercio de peletería que tenemos
en nuestros mares para llevar su producto a la Europa, con que
forman un ramo de comercio de gran consideración?"

Con franqueza Cruz señalaba la libertad de comercio con todos
los países como el medio de hacer florecer la industria en el país,
pues de otros sitios vendrían los métodos y experiencias que permi-
tirían adelantar en la mecánica y la metalurgia. Bien conocía él
ya las objeciones que se invocaban para contener esta aspiración
y se abocó resueltamente a ellas. Desde luego no había derecho
para sostener que la libertad absoluta de comercio vendría a per-
judicar a las fábricas de la metrópoli, porque los artículos que ésta
enviaba a Chile no alcanzaban a cuarenta especies y todo el resto
de lo que remitía al país era de procedencia extranjera. Por lo
demás, determinados productos, como el hierro de Vizcaya, los
paños de las reales fábricas y los tejidos de seda de la metrópoli,

eran mejores que los venidos de otros países, y no perderían el mercado de Chile en un régimen de competencia. Tampoco podía objetarse como valedero el que las relaciones mercantiles de Chile se desprenderían de España para ligarse a manos e intereses extranjeros, ni aceptarse para Chile el axioma de Lord Chatham, "de que en el momento en que las colonias inglesas de América supiesen hacer un clavo, sacudirían el yugo de la metrópoli"; ni, en fin, que se abriría el país a la infiltración de ideas contrarias a la religión católica. Siempre, a juicio de Cruz, se mantendría el contacto comercial con la metrópoli "para realizar los pedidos de aquellos efectos preferentes". Nada debía tampoco temerse de la fidelidad de Chile al soberano, pues en aquellos mismos años en que España era invadida por los franceses y poco antes atacado el Río de la Plata por los ingleses, los vasallos de América daban "muy fuertes pruebas de amor y reverencia a sus Reyes". "Si los angloamericanos —argüía Cruz— se separaron de su metrópoli, no fue por el incremento que tomaron con su agricultura, industria, comercio y artes, sino por la falta de igualdad y justicia que observaron con sus colonos, privándolos de los derechos y prerrogativas que como a ciudadanos correspondía. Los vasallos españoles de ambos hemisferios, son gobernados por unas mismas leyes, unidos por una misma religión y estrechados con igualdad y justicia en todos los intereses de la corona, por lo cual jamás tendrá lugar el axioma de Lord Chatham en las colonias españolas". Finalmente, el comercio con países de otra religión, en manera alguna traía la mengua de la verdadera, como lo acreditaba el caso de la propia España, cuyos puertos recibían barcos de los países protestantes del norte de Europa, de la Rusia cismática y de los mahometanos de Argel, sin que por ello se viera menoscabada la fe católica de sus habitantes [53].

[53] El texto de las memorias de Cruz y de las demás presentadas al Tribunal del Consulado de Santiago, se encuentra publicado por Miguel Cru-

Erróneo sería inferir del panegírico de don Anselmo de la Cruz
en favor de la libertad amplia de comercio, que ésta era la aspiración dominante en Chile en los años próximos al desencadena-
miento de la guerra de independencia. La verdad es que el asunto
era objeto de discrepantes opiniones. Ya se ha visto cómo el mismo
Cruz se empeñó en refutar las objeciones más corrientes y hay que
añadir a esto que el decreto de 21 de febrero de 1811 con que la
Junta de Gobierno abrió los puertos de Chile al comercio libre
de las potencias extranjeras aliadas de España y neutrales, fue precedido por dos meses de arduos debates. Conviene observar además
que el problema vino a agitarse sólo después de haber llegado a
Santiago a integrar la Junta de Gobierno el doctor don Juan Martínez de Rozas. La circunstancia no es indiferente si se recuerda de
que antes de partir de Concepción a la capital tuvo él una larga
entrevista con don Bernardo O'Higgins, quien le urgió a trabajar
desde el gobierno por la libertad de comercio. El hondo fervor separatista del último y su incondicional admiración hacia Inglaterra,
permiten comprender en buena parte el alcance de la trascendental
medida. Mientras muchos comerciantes la resistieron, en informes
escritos y prolongados debates, y el mismo don Anselmo de la Cruz
la acogió no sin proponer ciertas restricciones que aseguraran el nacimiento y desarrollo de la industria nacional, la Junta resolvió de-
cretarla de una manera bastante amplia, porque no miraba tanto
el aspecto económico como el político del asunto.

Con el nuevo paso no sólo se daba patente de legalidad al abundante tráfico inglés y norteamericano que se hacía por la vía del
contrabando, sino además se buscaba la manera de activar las

chaga en: "Estudio sobre la organización económica y la hacienda pública
de Chile", vol. I, Santiago, 1878. Como la transcripción que allí se hace
de estos documentos es defectuosa, conviene consultar su texto directo en
el volumen 24 del Archivo del Tribunal del Consulado de Chile, Archivo
Nacional.

ideas revolucionarias y de conseguir armamentos con qué repeler el próximo e inevitable ataque de los absolutistas amparados por el Virrey del Perú. No a otro objetivo iba encaminada la amplia franquicia concedida a la internación al país de libros, imprentas y pertrechos de guerra de toda especie.

Después de examinar estos antecedentes, parece excesivo incluir, al menos para Chile, en la lista de las causas de la emancipación, el sistema de monopolio mercantil impuesto por la metrópoli. La libertad de comercio lograda en 1811 se presenta más como el hábil recurso político de una minoría revolucionaria, que como la consecuencia de una aspiración firmemente sostenida por los criollos. En todo caso, ella vino a dar forma legal al contrabando que desde muchos años antes complementaba el abastecimiento de los consumidores chilenos, sin que en general pudieran estos últimos sentirse faltos de mercaderías u oprimidos por el rigor de precios impuestos por los comerciantes de la península [54].

[54] La afirmación de la escasez y carestía de mercaderías en Chile como consecuencia de las trabas impuestas al comercio, queda refutada con la abundante prueba que hay del contrabando realizado desde principios del siglo XVIII en sus costas. El francés Amadé Frézier, que visitó Chile en 1712 en un barco contrabandista, dice lo siguiente, hablando de Valparaíso: "La abundancia de mercaderías de que estaba surtido el país cuando llegamos y el bajo precio que tenían, nos hizo tomar la resolución de no vender mientras el comercio no fuese más ventajoso", (A. Frézier: "Relation du voyage de la mer du Sud aux côtes du Chile et du Pérou", pág. 87, París, 1714). Además se ha logrado fichar doscientos cincuenta y siete barcos norteamericanos que visitaron la costa chilena entre 1788 y 1810, veintidós de los cuales han quedado identificados como ostensibles contrabandistas (Eugenio Pereira Salas: "Buques norteamericanos en Chile a fines de la era colonial", Santiago, 1936). Si las guerras napoleónicas entorpecieron en algunos momentos el tráfico comercial chileno con la metrópoli, sea por la vía de Cabo de Hornos, sea por la de Buenos Aires, no puede decirse, en forma absoluta, que Chile se encontraba habitualmente en completo aislamiento y desamparo mercantil la víspera de la independencia.

6. *LOS CRIOLLOS EN LA METROPOLI*

Las comunicaciones directas de Chile con España, así como el intercambio naviero de ésta con Buenos Aires, incrementaron los viajes de los chilenos a la corte. Sea con la mira de gestionar alguna designación burocrática o lograr algún beneficio en el comercio, sea con la de seguir un pleito ante el Consejo de Indias, sea con la de educarse o, en fin, de buscar una grata distracción, el hecho es que a lo largo del siglo XVIII y en los primeros años del siguiente son muchos los que se dirigen a la metrópoli.

Varios chilenos de título van para no regresar más, como el primer Duque de San Carlos, don Fermín Francisco de Carvajal Vargas; don José Manuel Calvo de Encalada, tercer marqués de Villapalma de Encalada; don Juan Ignacio Alcalde, segundo Conde de Quinta Alegre, y don Tadeo Portales Borda, Conde de Villaminaya. Algunos se incorporan a la magistratura peninsular, como don José Ignacio de Guzmán Lecaros y don Bernardo José de Roa; otros sientan plaza en el ejército español, como los tres hijos del Conde de la Conquista, don José María, don Gregorio y don Joaquín de Toro Valdés; o sirven en el Real cuerpo de Guardias de Corps, como don Ventura Blanco Encalada, don Francisco Javier Errázuriz Aldunate y don Antonio de Urrutia Mendiburu; o ingresan a la Real Compañía de Caballeros guardiamarinas, como don Manuel Blanco Encalada, don Francisco de la Lastra y don Pedro Nolasco de Echenique Lecaros. No faltan quienes se dedican con notorio beneficio al comercio en Cádiz, como don Nicolás de la Cruz, futuro Conde de Maule, y don Ramón Errázuriz Aldunate. Hay, en fin, quienes hacen largos viajes por los demás países de Europa, como el referido Cruz, don Juan Antonio Alcalde y don José Ignacio García-Huidobro, segundo Marqués de Casa Real.

Es indudable que el contacto de los criollos con el medio ambiente español debió producir en el ánimo de varios de ellos un fuerte impacto. Venían de un lugar extremo del mundo en que se llevaba una existencia patriarcal y en más de un aspecto primitiva, y en que no se vislumbraban muchos de los adelantos europeos. Llegaban además en una época en que el racionalismo prendía en las mentes selectas y era de buen tono seguir la moda francesa. Si en la mayor parte de ellas el contacto con las obras de los filósofos de la "ilustración" no fue más allá de un entretenimiento literario, en uno que otro, como don José Antonio de Rojas y don Ramón Errázuriz llegó a quebrantar los principios religiosos que hasta entonces les habían parecido inamovibles. El primero, lector de la *Enciclopedia* y de otras obras francesas, dejaría fama de volteriano. Del segundo quedaría como personal testimonio de su crisis religiosa en la península, su confesión testamentaria extendida muchos años después, en 1865, en Santiago [55].

Sin duda uno de los chilenos que más se impregnó en España del espíritu de la "ilustración" fue don Manuel de Salas. Durante varios años visitó allí fábricas, hospitales y escuelas, siguió de cerca las grandes reformas de Carlos III, a quien calificó de "sabio", y se empapó del ideario de Campomanes. Como la mayoría de los españoles cultos de la época, asoció la fe con la razón, no rompió con los principios religiosos heredados, pero a la vez puso una gran confianza en el desarrollo de la educación, en el adelanto de las ciencias, en el fomento de las industrias, de la agricultura y del comercio como medio de hacer felices a los hombres. De sus iniciativas en Chile en tal sentido, tendremos ocasión de hablar más adelante.

Viajeros posteriores a Salas, que ya no son testigos de la política

[55] Carlos J. Larraín: "Don Ramón Errázuriz Aldunate", en "Boletín de la Academia Chilena de la Historia". Nº 41, 1949.

progresista de Carlos III y sus ministros, sino de la inepcia de Carlos IV y de la abusiva omnipotencia del valido Manuel Godoy, captaron una imagen menguada de la metrópoli y sintieron debilitarse su devoción a la majestad real. Así el ex-Rector de la Universidad chilena de San Felipe, don Miguel de Eyzaguirre, que permaneció en España entre los años de 1803 a 1806, anota en su diario de viaje sus impresiones sobre el desorden, los abusos y la pobreza imperantes en la Madre Patria [56]. De regreso a América, con el cargo de Fiscal del crimen de la Audiencia de Lima, va a distinguirse por su adhesión a las ideas liberales, recogidas en la península, y será objeto, por esta causa, de una implacable persecución de parte del Virrey Abascal.

Una mención muy especial merecen aquellos viajeros que no se redujeron a visitar la metrópoli, sino que alcanzaron hasta Inglaterra. Conocidos son los esfuerzos de ese país por menoscabar la potencia castellana y su preocupación por abrirse camino en el comercio de América. De ahí que no pudieran ser extrañas sus simpatías a todo intento de quebrar el dominio español en el Nuevo Mundo y que la presencia de criollos en Londres estuviese casi siempre ligada a planes emancipadores.

Sea que se tratase de espíritus idealistas, que buscaban en la independencia el mayor bien para su tierra natal; sea que fuesen ambiciosos vulgares y hasta traidores que, a cambio de determinadas ventajas, entregaban al mayor enemigo de España sus secretos de guerra, el hecho es que no faltaron insinuaciones al gobierno inglés para que colaborase en el triunfo de planes revolucionarios. Los ministros británicos procedieron, en general, con mucha cautela: oyeron las sugerencias, tomaron nota con cuidado y no perdieron nunca contacto con los proponentes, pero se abstuvieron de participar en forma directa en estas empresas. El riesgo

[56] El manuscrito del aludido viaje lo conservamos en nuestro archivo particular.

lo dejaron al fabricante de la idea, reservándose la expectativa de cosechar alguna ventaja si ella cuajaba.

Son conocidos los contactos de esta índole con el gobierno de Londres realizados a lo largo del siglo XVIII por algunos mexicanos y venezolanos, y a ellos hay que añadir uno encaminado a producir la emancipación de Chile. Su inspirador sería un tal don Juan, peninsular de origen que habría adiestrado largos años a los araucanos en el manejo de los armas para incitarlos a la rebelión y que además se decía miembro de una asociación secreta con ramificaciones en varias partes de América, destinada a luchar por la independencia. En 1783 pasó a Londres a solicitar de Fox, jefe del gobierno inglés, su ayuda para equipar seis mil hombres, cuatro mil de los cuales ocuparían Buenos Aires y el resto se adueñarían de Chile, para pasar después al Perú. A fin de no comprometer ostensiblemente a Gran Bretaña, se organizaría la expedición en Ostende. Don Juan, que no era idealista, aspiraba a transformarse en Rey de una vasta monarquía que se extendería desde las regiones ecuatoriales a la Patagonia. El apoyo inglés para erigir su trono lo pagaba él con la oferta del comercio exclusivo por diez años, un subsidio anual de un millón de libras durante cincuenta años, la entrega del puerto de Valdivia, la concesión de numerosas factorías y el monopolio británico para el tráfico de esclavos negros.

Quizás porque Inglaterra se encontraba debilitada entonces por la guerra que le arrebató sus trece colonias de América, o acaso más seguramente porque el plan del español don Juan pareció al gabinete inglés una aventura descabellada o una traición sin eficacia, lo cierto es que no prestó al mismo el amparo deseado y el proyecto acabó recluído al silencio de los archivos [57].

Conocido es también el caso de un chileno que tuvo sospechosos contactos con Inglaterra. Se trata del ex-jesuíta Juan José Godoy,

[57] Carlos A. Villanueva: "Napoleón y la independencia de América", págs. 35-39, París, 1911.

radicado en Italia como otros tantos de la extinguida Orden y que
por los años de 1789 realizó un viaje a Londres, cuyos detalles se
ignoran. El gobierno español le tuvo como un prófugo peligroso y
trabajó con empeño por incautarse de su persona. De Inglaterra
pasó a los Estados Unidos y hasta los oídos del Virrey de Nueva
Granada, don Antonio Caballero, llegó la noticia de que se habría
manifestado deseoso de que América rompiera sus vínculos con
España. Con argucia, el agente del monarca logró atraer a Godoy
hasta Cartagena en 1786, donde lo apresó y despachó a la metrópoli. La posible acción revolucionaria del ex-jesuíta quedó así del
todo paralizada [57 b].

Un efecto diferente tuvo, en cambio, para el curso de la historia
de Chile, la andanza por Londres de don Bernardo O'Higgins
entre los años 1794 y 1799. Su triste condición de bastardo, su
soledad espiritual y anhelo insatisfecho de cariño, a la vez que el
clima antiespañol de la sociedad británica, le predispusieron fa-
vorablemente al ideal revolucionario. El venezolano Francisco de
Miranda, fabricante incansable de planes separatistas y muy ligado
al gabinete inglés, le abrió los ojos a estos nuevos horizontes, y le
ligó secretamente a otros americanos imbuídos en la misma esperanza, con quienes tuvo reuniones en Cádiz. De regreso a su tierra
natal, O'Higgins procuró inyectar su ideario en otras mentes y lo
hizo con suma cautela y lento resultado. Agricultor provinciano,
falto de vinculaciones e influencias, habría escasamente adelantado

[57 b] José Toribio Medina: Un precursor chileno de la revolución de la
independencia de América". En "Anales de la Universidad de Chile", 1911.
   Autores argentinos dan esta nacionalidad a Godoy por ser oriundo de
Mendoza. Conviene, sin embargo, recordar que a la fecha de su nacimiento
en 1728 y de su expulsión de América con los demás jesuítas en 1767,
esta ciudad estaba, como toda la provincia de Cuyo, bajo la jurisdicción
de Chile y que sólo a partir de 1776 vino a ser incorporada al nuevo
Virreinato de Buenos Aires. No faltan, en fin, quienes pretenden identificar,
aunque sin pruebas concluyentes, al jesuíta Godoy, con el misterioso Don
Juan, antes citado.

en su afán si el imprevisto histórico, dando un vuelco a los hechos, no le hubiera proporcionado oportunidades superiores a las por él imaginadas, que supo aprovechar con tesón y habilidad.

7. *LOS LIBROS Y LAS NUEVAS IDEAS*

Ha sido aseveración común el que España se esmeró en impedir la difusión del libro en América, con el objeto de mantener a sus habitantes en la ignorancia y más fácil sujeción. Estudios más prolijos de la legislación de Indias y el examen de los documentos que acreditan los embarques realizados para América con permiso de la Casa de Contratación, permiten hoy día llegar a un resultado diverso. Puede ahora afirmarse, sobre buen fundamento, que el libro llegó al Nuevo Mundo con los primeros conquistadores, que su divulgación fue amplia en los siglos siguientes, y que no se circunscribió como se ha afirmado, a las obras de tipo religioso, sino que alcanzó con creces a las de recreación literaria y de formación filosófica y científica. Los inventarios de bienes de difuntos confirman, por otra parte, esta aseveración y revelan a menudo la existencia de bibliotecas de cierta importancia en este extremo del mundo. La prohibición de obras heréticas —equivalente a la que en los países protestantes imperaba para los libros católicos— no fue obstáculo para que se vaciara en América con prodigalidad la rica producción literaria de la edad de oro española y que se consumiera en ella, por ejemplo, gran parte de la primera edición de *El Quijote*. Con razón ha concluído el profesor de la Universidad de Michigán, Irving Leonard: "Las comparaciones son, a menudo, odiosas; pero la gran cantidad de novelas y lectura amena que en el siglo XVI estuvo a disposición de los lectores en las colonias españolas de América, nos ofrece un contraste con lo que nos ha sido revelado hasta ahora sobre materia de lecturas disponible en las colonias de Norteamérica de un siglo más tarde [58].

[58] José Torre Revello: "El libro, la imprenta y el periodismo en América

En el siglo XVIII se extendió la prohibición de lectura, por orden de la Iglesia o del Estado, entre otras obras, a la *Enciclopedia* de Diderot y D'Alembert y al *Sistema de la naturaleza,* de Holbach, contrarias al dogma católico; al *Contrato Social* de Juan Jacobo Rousseau, exaltador de la soberanía popular frente al absolutismo de los reyes; y a la *Historia filosófica y política de los establecimientos europeos en las dos Indias,* de Guillermo Tomás Raynal, que atacaba la labor colonizadora de España en América. No obstante las precauciones adoptadas por las autoridades, estos libros llegaron a América y circularon entre algunos elementos ilustrados. En Chile su divulgación fue escasa, y sus lectores se cuentan generalmente entre las personas que han franqueado los límites de la Capitanía General. Están en este caso don Manuel de Salas y don José Antonio de Rojas, que residieron algunos años en la metrópoli. El primero embarcó para Chile la *Enciclopedia,* la *Introducción a la historia general y política del universo,* de Samuel Pufendorf, puesta en el Index y que contenía apreciaciones hostiles a la colonización española. Rojas introdujo asimismo a Pufendorf, la *Enciclopedia,* el libro de Raynal —que encontramos también en poder de don Vicente de la Cruz— y algunas obras de Montesquieu, Holbach y Rousseau, aunque no se pueda establecer con precisión si entre las últimas estaba el *Contrato Social* [59].

Es de notar que Rojas fue suficientemente cauto como para

durante la dominación española", Buenos Aires, 1930; Irving Leonard: "Books of the brave", Harvard, 1949; existe traducción española: "Los libros del conquistador", México, 1949; Idem: "Un envío de libros para Concepción de Chile". 1620, "El Bibliófilo Chileno", Santiago, año II, agosto de 1948, N° 4.

[59] "La biblioteca de don Manuel de Salas", en "El Bibliófilo Chileno", año I, julio de 1947, N° 2; "La biblioteca de don José Antonio de Rojas", ídem, año I, diciembre de 1947, N° 3; Miguel Luis Amunátegui: "La Crónica de 1810", tomo II, págs. 39-56. Santiago, 1911.

recabar oportunos permisos de la Santa Sede y de la Inquisición para leer y retener los libros prohibidos. Estos permisos no fueron raros en Chile. Medina ha establecido que a fines del siglo XVIII el Santo Oficio los concedió al sacerdote don Martín Sebastián de Sotomayor, a fray Francisco de Fuenzalida, catedrático de la Universidad de San Felipe; a fray Jerónimo Arlegui, definidor de la provincia franciscana de Chile; al dominico fray Sebastián Díaz, y al Oidor don Francisco Diez de Medina [60]. Podemos agregar que también gozaron de permiso don Manuel de Salas y los togados don Miguel de Eyzaguirre y don Fernando Márquez de la Plata, este último lector de Pufendorf y Grocio.

Los beneficiarios de los permisos no se circunscribieron a un goce restrictivo de los mismos, sino que a veces prestaron a otras personas los libros prohibidos, favoreciendo su circulación subrepticia. Así se sabe que Rojas facilitó, entre los años 1808 y 1809, la *Enciclopedia* y las obras de Bayle, Holbach y Montesquieu, a don Juan Egaña, fray José Javier de Guzmán, don Juan Antonio Ovalle y don José Miguel Infante [61], y es posible que accediera también esos libros a su íntimo amigo y confidente don Juan Martínez de Rozas. Este último, en su discurso de inauguración del primer Congreso Nacional, en 1811, demostró su admiración por Hobbes, Maquiavelo, Bacon, Grocio, Pufendorf, Locke, Bodin, Hume, Montesquieu, Rousseau y Mably, aunque no nos consta el conocimiento directo que haya tenido de todas sus obras.

Algunos años antes, otros chilenos que también carecían de licencia para leer libros prohibidos, se los habían procurado secreta-

[60] José Toribio Medina: "Historia del Tribunal del Santo Oficio de la Inquisición en Chile", pág. 649, Santiago, 1952.

[61] Domingo Amunátegui Solar en su "Génesis de la independencia de Chile", Santiago, 1924, reproduce en sus págs. 13 a 15 unas cartas comprobatorias de estos préstamos. Ricardo Donoso vuelve a publicarlas en "Las ideas políticas en Chile", págs. 25 y 26, México, 1946, sin indicar su origen.

mente en Lima por conducto del barón Timoteo de Nordenflicht, que gozaba de permiso. Se cuentan entre ellos don Ramón Martínez de Rozas, que conoció por este medio la *Enciclopedia* y *El espíritu de las leyes,* de Montesquieu, y que además poseía ya la obra de Raynal; el irlandés don Juan Mackenna, avecindado en Chile, que se enteró de varios libros prohibidos no especificados, y el fraile de la Buena Muerte, Camilo Henríquez, que se impuso del libro de Raynal, de una obra anónima publicada en Londres en 1776, en lengua francesa, bajo el título de *Historia del año dos mil cuatrocientos cuarenta,* que fue prohibida por el gobierno español por atacar las prerrogativas del trono y del altar, y, en fin, del *Contrato Social,* de Rousseau, que dejó en él honda huella [62].

A propósito de esta obra, conviene advertir que data de 1762, que tuvo menor difusión en España que la del inglés John Locke, asimismo partidario de la democracia, y que su primera versión castellana se hizo en Londres en 1799. No aparece clara su presencia en Chile hasta 1811 en que llega la edición expurgada que hizo en Buenos Aires Mariano Moreno. El que la tuviera antes Rojas, es sólo presunción. No puede afirmarse, pues, seriamente que las ideas de Rousseau hayan sido la base del pensamiento político de 1810, ya en plena marcha cuando se recibe en Chile la edición de Moreno, aunque sí puede sostenerse que sirvieron de elemento coadyuvante al proceso revolucionario, como se verá más adelante.

De la divulgación en Chile de la *Enciclopedia,* cabe decir otro tanto. Hasta ahora no se ha comprobado la existencia de otro ejemplar en el país que el de Rojas, pues es posible que el embarcado por Salas en España no llegase a su destino. Las dificultades que él tuvo en la metrópoli por el pase a América de libros prohibidos y el hecho de que la *Enciclopedia* no aparezca en el inven-

[62] Medina: Historia citada. págs. 648-659.

tario final de su biblioteca, nos induce a creerlo así. Por otra parte, la versión castellana de la obra, que no alcanzó más que a los tomos de *Gramática* y *Literatura,* parece no haber llegado hasta acá. Contestando en 1804 un pedido de su hermano Domingo para que se la adquiriese en Madrid, don Miguel de Eyzaguirre le enviaba a decir desde allá: "La *Enciclopedia* va muy despacio y se tardará de traducir en el siglo que viene, por lo que no he tenido a bien comprarla y es muy cara. Su dilación consiste en que a cada paso se hallan con materias prohibidas" [63].

Mientras en México las ideas filosóficas francesas cundieron gracias a la introducción de la masonería en el país y a la servidumbre francesa que trajo consigo en 1789 el Virrey Revillagigedo, la gran distancia en que se encontraba Chile de Europa no facilitó la recepción estimable de miembros de esa nacionalidad que hubieran podido difundir el nuevo credo. Ni siquiera podría indicarse como una muestra de tal influencia ideológica el descabellado complot de los franceses Antonio Gramuset y Antonio Berney, que sin más fundamento que la alucinación, aspiraron en 1780 a independizar Chile. Sorprendidos y llevados prisioneros a España, cayó la risible aventura en el olvido. A don José Antonio de Rojas, el único criollo que pareció inspirar sospechas de haber tenido concomitancias en el asunto, no se le pudo probar ninguna responsabilidad y quedó libre de toda sanción [64].

Por otra parte, en los gobernantes que envió España a Chile

[63] Carta de don Miguel de Eyzaguirre a don Agustín de Eyzaguirre, Madrid, 1º de agosto de 1804. Archivo Nacional de Santiago, Fondo Varios, vol. 254.

[64] Habiendo ordenado el Ministro don José de Gálvez que se sometiera a rigurosa vigilancia a Rojas para comprobar su posible culpabilidad, el Gobernador don Ambrosio de Benavides, por carta de 3 de enero de 1782, le contestó que no había notado en el aludido "otra cosa que una moderación y arreglo que nada desdice a sus obligaciones al Rey". Documentos inéditos de J. T. Medina, vol. 199, N.os 4870 y 4873. (Sala Medina. Biblioteca Nacional de Santiago).

durante el siglo XVIII, no se advirtió, como llegó a ocurrir en otros sitios de América, mayores simpatías por los filósofos franceses. De don Ambrosio O'Higgins se sabe positivamente que los miraba con el mayor desdén. Uno de sus confidentes, el irlandés John Thomas, recordaría en 1824 esta circunstancia en un memorial que redactó para su hijo don Bernardo: "Estaba [don Ambrosio] —dice en este documento— libre de las ideas románticas de Rousseau y demás filósofos visionarios y extravagantes, tan en boga a mediados del último siglo. El hecho es que su inteligencia profunda y experimentada miraba con el más absoluto desprecio esas especulaciones; y no podía ser de otra manera, porque ellos ignoraban completamente al hombre como realmente es, en tanto que vuestro padre conocía perfectamente a la humanidad... Muy a menudo se sonreía al pensar en las fantasías de esos soñadores como Raynal, Buffon, Rousseau, etc., respecto al origen del hombre y de los animales de América y de la superior felicidad del estado salvaje sobre el de civilización..." [65].

La noticia del estallido de la revolución francesa en 1789 y de su secuela de crímenes y horrores, causó general espanto en el ánimo de los habitantes de Chile, sin que se excluyeran de esta actitud los pocos simpatizantes del doctrinarismo racionalista que la había precedido. El más representativo de todos ellos, don José Antonio de Rojas, se adelantó en 1793 a expresar su público repudio a la cruenta revuelta y su adhesión al Rey Carlos IV que había declarado la guerra a la república francesa. No sólo ofreció en esta oportunidad un aporte económico, sino que expresó su deseo de ayudar al monarca en su lucha contra "el mayor escándalo que han visto los siglos" y hasta su deseo de "derramar toda

[65] John Thomas: "Los proyectos del Virrey O'Higgins", en "Revista Chilena de Historia y Geografía", Nº 15, 3.er trimestre de 1914.

mi sangre en su real servicio y corresponder de esta suerte algo de lo mucho que le debemos" [66].

¿Fue ésta una astuta maniobra de Rojas para fingir una adhesión al Rey que no sentía y lavar así la sospecha de infidelidad que sobre él podía pesar después del abortado complot de los franceses de 1780, en el que se le sindicó de cómplice? ¿O se trata de un estallido sincero y espontáneo de horror frente a los extremos a que se había llegado en Francia? Sea una u otra cosa, el hecho es que la actitud de Rojas es un índice del repudio unánime con que la sociedad chilena recibió la noticia de los desmanes del Terror y de la imposibilidad de que alguien hubiera podido disentir de esta postura sin fuerte escándalo. Dos años después, en nota de 17 de septiembre de 1795 al ministro Llaguno, el sagaz y vigilante Gobernador don Ambrosio O'Higgins, después de informar que desde el estallido de la revolución francesa había extremado las precauciones para evitar que pudieran deslizarse escritos en su favor, agregaba que le asistía la seguridad "de la rectitud del juicio con que aquí se piensa acerca de esto, y de la verdadera y sólida afección que se tiene al justo, suave y ventajoso gobierno de nuestro monarca".

Estas expresiones de O'Higgins son una muestra de la ninguna

[66] El texto de este documento, hasta ahora inédito, es el siguiente:

M. I. S. P.

Ansioso de contribuir por mi parte, ayudando como puedo al Rey nuestro Señor y dueño, para los inmensos gastos en que se halla empeñado por el mayor escándalo que han visto los siglos, ofrezco en desahogo de mi corazón y lealtad, como donativo gracioso, la mitad del importe de toda la piedra cal que hasta esta fecha se ha sacado de mi hacienda de Polpaico, para construcción de la nueva Real Casa de Moneda de esta capital, deseando con el mismo gusto derramar toda mi sangre en su Real servicio y corresponder de esta suerte algo de lo mucho que le debemos.

Nuestro Señor guarde a V. S. muchos años.—Santiago de Chile, 17 de julio de 1793.—José Antonio de Rojas.

M. I. S. P. Don Ambrosio O'Higgins de Ballenar.

Archivo Nacional de Santiago: Capitanía General, vol. 837, fj. 31.

importancia que en el fondo dio a un incidente ocurrido apenas cuatro meses antes, a pesar del rigor con que procedió contra el presunto culpable. En efecto, en mayo de 1795 el Gobernador había sido impuesto por el Subdelegado de Coquimbo que el presbítero don Clemente Morán, sacristán mayor de la Iglesia Matriz de La Serena, apoyaba en sus conversaciones lo ocurrido en Francia y excitaba a seguir su ejemplo. O'Higgins hizo de inmediato detener a Morán y trasladarlo a Santiago, donde se le recluyó en el convento de Santo Domingo. La Audiencia, que examinó la causa, no encontró culpa y estuvo porque se le restituyera al ejercicio de sus tareas en La Serena. Pero O'Higgins, extremando las precauciones, retuvo a Morán en la capital, donde al fin murió en 1800, sin que el incidente tuviera mayores proyecciones [67].

Ayudó a formar en Chile el clima de repudio a la revolución francesa la actitud que en su contra adoptaron en la metrópoli hasta individuos reconocidamente picados de filosofismo. El caso del peruano don Pablo de Olavide fue, al respecto, ejemplarizador. Después de singularizarse en los salones madrileños por su desembozado racionalismo y de topar, como consecuencia de ello, con la Inquisición, huyó de sus garras a Francia, de la que al fin regresó curado de espanto al sufrir en carne propia los excesos del Terror. De su accidentado deambular ideológico y retorno a la fe de sus mayores, dio a las prensas en 1798, como público testimonio, *El*

[67] El expediente seguido contra Morán corresponde al legajo 64 del Archivo Judicial de La Serena, Archivo Nacional de Santiago. Documentos sobre el mismo asunto se encuentran en Capitanía General, vol. 745 y 784, y en Documentos Inéditos de Medina, vol. 213 y 333. Una completa información del incidente de Ricardo Donoso en "El marqués de Osorno, don Ambrosio Higgins", págs. 269 y 273, Santiago, 1941; y más resumida en "Las ideas políticas de Chile", págs. 23-25, México, 1946. Aquí califica a Morán del "primero y más decidido sostenedor de las ideas republicanas en la lejana Capitanía General de Chile", juicio que contrasta con la escasa importancia del personaje, que sólo destacó entre sus contemporáneos por deslenguado y chismoso.

Evangelio en triunfo o Historia de un filósofo convertido, obra que no sólo tuvo gran difusión en España, sino que llegó también a Chile, donde don Manuel de Salas la comentó con elogio.

Todos estos antecedentes permiten concluir que, al menos en Chile, no puede señalarse la revolución francesa como catalizadora de las ideas separatistas, sino más bien a la inversa, como ocasión para que los criollos reafirmaran su fidelidad a la monarquía.

Frente al escaso influjo que se advierte en Chile de la literatura racionalista de Francia —explicable por la prohibición impuesta a su lectura, la extrema distancia geográfica entre ambos países y el limitado conocimiento que aquí se tenía de la lengua francesa— hay que consignar la presencia mucho más efectiva de las ideas dieciochescas de la península. La postura crítica y reformista que caracteriza el pensamiento español de aquel tiempo, rueda hasta Chile y se transmite por los numerosos criollos que han bebido directamente estas ideas en la metrópoli y al través de los libros que las sostienen y que llegan a Chile sin mayor obstáculo. La implacable libertad de juicio, congénita al carácter español, y que salvando los derechos intangibles del dogma religioso, no fue entorpecida en esencia por la Inquisición, permitió llegar a menudo a conclusiones extremas acerca de la postración de España y de los efectos de su política colonizadora en América. No falta un Melchor de Macanaz, Secretario de Felipe V, que en su *Testamento de España* (1740) llega a denunciar la usurpación que ésta hizo a los aborígenes de las tierras de América. Y en un plano más constructivo, es posible encontrar mercantilistas como Bernardo de Ulloa, que en su obra: *Restablecimiento de las fábricas y comercio español* (1740), conocida en Chile por Salas, señala el desastroso estado de la economía nacional; o ministros como José del Campillo, propiciador de reformas radicales en las Indias, como la creación de las Intendencias y la libertad de comercio con la metrópoli, que años más tarde llevaría a la práctica Carlos III. Campillo expone sus ideas en el *Nuevo sistema de gobierno para la América* (1743), que circula manuscrito por espacio de cuarenta y seis años y que así es traído a Chile por don José Antonio de Rojas. Antes de su publicación, esta obra fue plagiada por el irlandés Bernardo Ward, consejero de Fernando VI, en su *Proyecto económico* (1779), que figura en un pedido de libros hecho desde Santiago en 1807 por don Manuel Riesco [68].

Pero sin duda los escritores peninsulares de esta tendencia criticista que más lectores tuvieron en el reducido ámbito culto de Chile, fueron el benedictino fray Benito Jerónimo Feijóo y el Fiscal del Consejo de Castilla, don Pedro Rodríguez Campomanes. En los volúmenes de su *Teatro crítico* (1726-1739) y de sus *Cartas eruditas* (1742-1760), Feijóo ataca sin temor a la escolástica envejecida y a las supersticiones deformadoras del espíritu religioso; se duele del atraso y pobreza españoles; exalta la dignidad del trabajo manual, desdeñado por una nobleza perezosa; propende a levantar la agricultura; señala la necesidad de difundir el estudio y la aplicación de las ciencias experimentales, que ayudan al adelanto de otras naciones, y de acabar con los vagos y mendigos, recogiéndolos en hospicios para aplicarlos al trabajo. Campomanes, por su parte, en su *Discurso sobre la educación popular de los artesanos y su fomento* (1775), aboga porque el sitio de las ciencias especulativas lo ocupen las "ciencias útiles"; defiende la introducción de la enseñanza técnica y el empleo práctico de las ciencias; el fomento del artesanado y la dignificación del trabajo, que por menosprecio acarrearon el empobrecimiento de España y su dependencia de la producción manufacturera extranjera.

De la aceptación que en las mentes ilustradas de Chile tuvo la referida obra de Campomanes, son testimonio el elogio que de ella

[68] Miguel Artola: "Campillo y las reformas de Carlos III", en "Revista de Indias, Nº 50, págs. 685-714, Madrid, octubre-diciembre de 1952.

hace en 1801 el Secretario sustituto del Tribunal del Consulado, don Tomás Lurquín, y la sugerencia del Secretario del mismo cuerpo, don Anselmo de la Cruz, en su memoria de 1808, para que se la adopte como libro de lectura en las escuelas.

Por otra parte, fácil es descubrir el entronque del ideario progresista de don Manuel de Salas con el pensamiento de Feijóo y de Campomanes, que conoció durante sus años de permanencia en España. Desde el cargo de Síndico del Tribunal del Consulado de Santiago, instituído en 1795; desde la dirección de la Academia de San Luis, destinada al estudio del dibujo, la aritmética y la geometría; y del Hospicio, con que quiso absorber la mendicidad y estimular la vocación industrial del pueblo, don Manuel de Salas se muestra fiel seguidor de los reformistas de la metrópoli. La memoria sobre el estado de la agricultura, industria y comercio de Chile por él elevada en 1796 al gobierno español, queda como un análisis cuidadoso de la realidad chilena de aquellos tiempos y una seria advertencia hacia la necesidad de abrir paso a nuevos cultivos e instalación de algunas industrias para tonificar la anémica economía local. En este documento se recogen ideas de Campillo, Ulloa y Campomanes y se advierten contactos con el memorable Informe sobre la ley agraria publicado un año antes en Madrid por don Gaspar Melchor de Jovellanos. Aunque no fueran por entonces coronados por el éxito, son dignos también de recordarse los esfuerzos realizados en esos años por Salas y en seguida por don Anselmo de la Cruz, con el fin de transplantar a Chile el sistema de las Sociedades económicas que tanto habían ayudado en España a la difusión de la enseñanza técnica y al adelanto de las industrias y de la agricultura [69].

[69] Manuel de Salas: "Escritos y documentos relativos a él y a su familia". Santiago (1910-1914), 3 vol. Miguel Luis Amunátegui: "Don Manuel de Salas", Santiago, 1895; Luis Celis Muñoz; "El pensamiento político de Manuel de Salas", en "Anales de la Universidad de Chile", N.os 87-88, 1952. Las publicaciones de Feijóo figuran en las bibliotecas de don Francisco

Junto al alud de críticas que viene de España y que en alguna medida refuerzan las escasas lecturas francesas, se hallan aun presentes en las bibliotecas selectas de los chilenos de entonces las obras de los escolásticos españoles que desarrollaron la doctrina del origen del poder y de la limitación de su ejercicio. No es raro encontrar los tratados de Francisco Suárez, de Luis de Molina y de Martín de Azpilcueta, en los anaqueles de los juristas y togados [70]. Frente a la concepción oficial, de raíz extranjera, que se empeña en hacer del monarca un depositario inmediato y sin limitaciones de la autoridad de Dios, se mantiene la vieja postura tradicional que reconoce la participación del pueblo en la generación del poder, la limitación ética del mismo y el repudio a la tiranía. El eco de esta arraigada actitud se recoge en el difundido *Teatro crítico* de Feijóo, en que se condena a los aduladores que incitan a los príncipes a creer "que las leyes y costumbres son limitativos indignos de la soberanía; que un monarca tanto se hace más respetable cuanto reina más absoluto; que la medida justa de la autoridad real es la voluntad del rey; que tanto mayor exaltación logra el solio cuanto a mayor profundidad se ve abatido el pueblo; que, en fin, un Rey es deidad en la tierra". En la misma

---

Ruiz de Berecedo, don José Antonio de Rojas, don Francisco Antonio de Avaria, don Vicente de la Cruz y Bahamonde y don José Teodoro Sánchez. Se mencionan también en el encargo de libros practicado en 1807 por don Manuel Riesco. Don Vicente de la Cruz era poseedor, además, de la "Demostración crítico-apologética del Teatro Crítico Universal", obra del benedictino fray Martín Sarmiento, eminente naturalista, que defendió a Feijóo de sus numerosos impugnadores. ("El Bibliófilo chileno", N.os 1, 2, 3 y 8; Tomás Thayer Ojeda: "Las bibliotecas coloniales de Chile", en "Revista de bibliografía chilena y extranjera", año I, Nº 11, 1913; Inventario de los bienes de don Francisco Antonio de Avaria, 1797; en Real Audiencia, vol. 2913.)

[70] *De legibus*, de Suárez, se encuentra en la biblioteca de don José Teodoro Sánchez; *De justitia et jure*, de Molina, en las de Sánchez, don Santiago de Tordesillas y el Obispo don José de Toro-Zambrano; y la *Opera omnia* de Azpilcueta, en la de don Manuel de Salas.

obra Feijóo consigna diversas máximas que han de inculcarse a
los príncipes desde su infancia para el mejor desempeño de sus
graves funciones. Así, entre otras, dice el benedictino que se les
debe enseñar: "Que el Rey es hombre como los demás, hijo del
mismo padre común, igual por naturaleza y sólo desigual en la
fortuna"; que ésta "toda se la debe a Dios, el cual pudo poner
otra estirpe diferente en el trono"; "que Dios no hizo el reino para
el Rey, sino el Rey para el reino"; "que el poder ordenar sola-
mente lo que fuere justo no disminuye su autoridad, antes la en-
grandece"; "que, en fin, ha de morir y que en el mismo momento
que muera ha de comparecer, como el más humilde reo de la
tierra, delante del Rey de los Reyes a dar cuenta de todas sus
acciones" [71].

Es indudable que la lectura de los reformistas españoles dejó
honda huella en el espíritu de los criollos. Ciertas ideas matrices,
como el complejo de la decadencia de España y la admiración a
lo francés, los errores del gobierno de América, el atraso en ésta
de la agricultura y de la instrucción, golpearán fuertemente en la
conciencia criolla y si no han tener en un principio ningún alcance
separatista y revolucionario, estimularán la crítica y ahondarán los
resentimientos. El naciente liberalismo peninsular va así a contribuir, sin sospecharlo, a preparar en las Indias un material ideológico combustible, expuesto a encenderse al primer roce. ¿Qué de
extraño que América acabara por sentirse víctima inocente de una
dura explotación, si en la víspera de los años revolucionarios se
lo mandaba decir en verso desde la corte don Manuel José Quintana?:

> *"Con sangre están escritas*
> *en el eterno libro de la vida*

[71] Fray Benito Jerónimo Feijóo: *Teatro Crítico Universal y Cartas Eruditas.* Selección, estudio preliminar y notas de Luis Sánchez Agesta, Madrid,
1947, págs. 146 y 155-159.

esos dolientes gritos
que tu labio afligido al cielo envía;
claman allí contra la patria mía,
y vedan estampar gloria y ventura
en el campo fatal donde hay delitos.
¿No cesarán jamás? ¿No son bastantes
tres siglos infelices
de amarga expiación?...” [72].

8. *REGIONALISMO Y FIDELISMO EN EL UMBRAL DE LA REVOLUCION*

El amor a la tierra natal, que advertimos ya fuerte en las primeras generaciones chilenas, se había ido acrecentando en el curso del siglo XVIII. No se presentaba, ciertamente, este patriotismo lugareño con caracteres de oposición a España o de infidelidad al Rey, pero es indudable que aquel sentimiento era más fuerte y hondo que el apego a la metrópoli. En algunos espíritus ayudaban a excitar este impulso las páginas de *La Araucana,* en que se glorificaba la lucha de los aborígenes por su independencia. Y aunque los lectores criollos descendían en su mayor parte de los valerosos castellanos que emprendieron la conquista del territorio y no llevaban en sus venas sangre indígena, su admiración iba hacia los héroes araucanos, que se alzaban ante sus ojos como la encarnación de la libertad y del amor al terruño injustamente invadido [73]. Conviene

[72] Poema publicado en 1806 por Quintana para celebrar la expedición española enviada a América a propagar la vacuna.

[73] No está demás dejar constancia que, estallada la cruenta lucha de la emancipación y mientras los patriotas chilenos exaltaban en discursos y escritos a los héroes araucanos, los verdaderos descendientes de los últimos, que habitaban al sur del Bío-Bío, se mantuvieron adictos al Rey y apoyaron con fiereza a las montoneras realistas que por varios años asolaron la provincia de Concepción. En Chile la independencia fue una guerra civil entre miembros de la familia española y sería ridículo intentar presentarla como una pugna entre conquistadores y conquistados. Sobre la materia es

recordar que en Londres fué el poema de Ercilla el que mantuvo
en don Bernardo O'Higgins el fervor hacia la patria distante y
excitó sus anhelos separatistas, y que también *La Araucana* hizo
mella en la formación juvenil del futuro oficial de la independencia, don Francisco Antonio Pinto, según propia confesión.

Ya hemos dicho que este fuerte apego a la patria chica no iba
en desmedro de la fidelidad a la monarquía española y aun podemos añadir que tampoco dificultaba la convivencia pacífica en
Chile de criollos y peninsulares. La emulación entre ellos por la
conquista de los cargos administrativos, no revistió aquí los odiosos
caracteres que en otras partes de América. El cronista criollo Felipe Gómez de Vidaurre, escribe al concluir el siglo XVIII, que
los chilenos viven "sin rivalidad ni nacionalidad alguna. Sus ciudades y poblaciones están habitadas de castellanos, andaluces, arago-
neses, navarros, gallegos, vizcaínos, catalanes y, en suma, de todas
las provincias de España; y los criollos no distinguen en su trato
ni al castellano, ni al andaluz, ni a éste de esos otros, y lo que más
es, ni aun de los mismos criollos. A todos tienen por una misma
nación" [74]. Don Manuel de Salas se congratulaba hacia 1810 de
que: "No hay aquí odios que, en cambio del desprecio, se tienen
las varias condiciones. Tampoco aquella pueril emulación entre
los españoles y sus descendientes; la hospitalidad que encuentran
los primeros, disipa en su concepto aquella idea de superioridad
que da la accidental circunstancia de haber nacido en el suelo
dominante, de que hacen ostentación sólo aquellos que no tienen
absolutamente otro mérito" [75]. Y de esta amable convivencia entre

de interés el estudio de Tomás Guevara: "Los araucanos en la revolución
de la independencia", en "Anales de la Universidad de Chile", Santiago,
1911.

[74] Felipe Gómez de Vidaurre: "Historia geográfica, natural y civil del reino de Chile", tomo II, "Colección de Historiadores y de documentos relativos a la historia nacional", tomo XV, pág. 291.

[75] Salas: "Escritos...", tomo II, págs. 93-94.

criollos y españoles dejó también constancia don Francisco Antonio Pinto en frases que citaremos más adelante.

En suma, por aquellos años finales de la dominación española en Chile, la armonía de los grupos sociales y la fidelidad de ellos a la corona no sufría la menor conmoción. Los reyes parecían confiados en la sincera sumisión de sus vasallos, ya que paulatinamente iban concediendo a los criollos los cargos burocráticos de mayor responsabilidad. Hasta el ensanche y reorganización de los cuerpos de milicias, realizados por los Gobernadores Amat y Jáuregui, con aquiescencia de la corona, constituye una prueba de que ella no temía confiar a sus súbditos de Chile la defensa armada y la mantención del orden en este territorio.

La fidelidad al monarca se hizo evidente en 1780 por el fracaso rotundo de la conspiración separatista de los franceses Berney y Gramuset, y no llegó a alterarse ni siquiera por los desaciertos cometidos por algún agente de la corona. Cuando en 1776 el Contador mayor interino, don Gregorio González Blanco, dispuso el alza abusiva del impuesto de alcabalas, se produjo en la ciudad de Santiago un serio alboroto, que no tuvo, sin embargo, el menor alcance sedicioso. Un testigo de lo ocurrido, el canónigo don Manuel Toro, escribía al respecto a don José Antonio de Rojas, a la sazón en Madrid: "Suponga una conmoción grande, pero dentro de los términos de queja y nada más; y así, las voces de rebelión, alzamiento o declarada repugnancia contra la voluntad del soberano, que tal vez por abultar la materia pueden sonar en alguna representación, no hagan eco en su oído; téngalas por vanas y supuestas, porque yo he sido testigo ocular de todo lo acaecido, y nunca reconocí, oyendo tales expresiones, alguna que manifestase pensamiento más indecoroso a nuestra patria". Y Rojas, por su parte, comentando desde la corte los sucesos de Santiago, escribía a un amigo de esta ciudad: "Sólo la mala conducta de González pudo haber ocasionado el alboroto de unas gentes tan fáciles de manejarse y que, así como decía el gran don Jorge Juan, creen en el Rey como creen en Dios, de que están dando tan continuas pruebas, que, cotejadas sin pasión, pudieran avergonzar a la misma metrópoli" [76].

Esta certeza de Rojas sobre la fidelidad de los chilenos al Rey, de que deja constancia en sus cartas, resta posibilidad a la sospecha de que hombre tan bien informado y sagaz, haya tenido alguna concomitancia seria en el absurdo complot de los franceses, ocurrido tres años después de esta correspondencia. Sin duda se ha dado al episodio una proporción desmedida y premunido a Rojas de una aureola de revolucionario que no le calza. Su fervor por los enciclopedistas no es motivo suficiente para hacer de él un apóstol de la separación de España, ya que en la misma península abundaban dentro del gobierno los admiradores de la filosofía francesa, que eran a la vez buenos vasallos. Baste recordar al Conde de Aranda como una prueba de ello. La actitud de Rojas frente a la revolución francesa, de que hablamos ya en otro sitio, ayuda a formarnos la opinión de que él era un espíritu crítico y a lo más volteriano, pero que carecía de intenciones políticas de mayor alcance.

La muestra más efectiva de la lealtad a la corona la dieron los criollos apenas cuatro años antes de que se iniciara el proceso revolucionario. En efecto, en 1806 los ingleses efectuaron un ataque a la ciudad de Buenos Aires con indudable propósito de conquista. Mientras sus habitantes luchaban con denuedo contra el invasor, los chilenos, en precaución de una ofensiva similar, ofrecieron de inmediato al Gobernador Muñoz de Guzmán organizar un batallón con el nombre de "patriotas nobles" o "amantes de la patria", y cooperaron, en seguida, en un plan de defensa de

[76] Barros Arana, ob. cit., tomo VI, pág. 360, nota; Amunátegui: "La crónica de 1810", tomo II, pág. 94, Santiago, 1911.

más vastas proporciones. Cuando al año siguiente se supo en Chile la derrota definitiva de los ingleses, se celebraron grandes fiestas populares e hicieron suscripciones entre los más importantes vecinos, a iniciativa de la esposa del Gobernador y del Cabildo de Santiago, para socorrer a los huérfanos y viudas de los caídos en Buenos Aires en defensa de la soberanía real. De esta manera los criollos chilenos hacían suyas las palabras del Virrey Liniers a Muñoz de Guzmán, de que la victoria alcanzada debía "servir de modelo de fidelidad y patriotismo a todos los que tienen la dicha de ser vasallos del mejor de los soberanos y gobernados por las más sabias leyes del mundo".

Y que las afirmaciones de Liniers sobre la lealtad de los criollos no eran hiperbólicas, lo demuestra un memorial del estadista inglés Lord Castlereagh, fechado el 1º de mayo de 1807, en el que se pronuncia en contra de ese tipo de expediciones, condenadas, en su concepto, al fracaso por no contar con la simpatía de los pobladores de América, cuya lealtad a la corona de Castilla era cosa fuera de duda [77].

No obstante predominar en forma indudable esta actitud, existen indicios de que unos pocos aspiraban en secreto a la independencia de España. En un curioso libro norteamericano, el *Diario de William Moulton, escrito a bordo del Onico,* se lee lo que sigue bajo la fecha 4 de enero de 1802: "Don ... [en blanco en el texto], un oficial y hombre culto, posee los conocimientos generales más profundos sobre historia sagrada y civil de todas las personas que he encontrado en Chile. A menudo hace guardia en el buque

[77] Confirman el clima fidelista de la época en Chile las declaraciones, que ya dimos a conocer, de don Anselmo de la Cruz, en su memoria al Consulado en 1809, sobre la resistencia criolla a los ataques ingleses, como muestra del estrecho vínculo que unía a América con la corona; y los recuerdos que andando el tiempo hará el patriota don Francisco Antonio Pinto, del entusiasmo con que la juventud de su época se alistaba en el ejército para defender los amagados derechos del Rey en estas tierras.

(Talcahuano). A pesar de ser sociable y bien educado, no podía
esconder una opresión oculta que lo embargaba y que era comentada por nosotros. Al fin logramos entretenerlo para que descubriera la secreta causa de su estado. Una oportunidad se presentó en
mi cabina, estando sólo aquellos a quienes él quería abrir su corazón. Era algo verdaderamente conmovedor observar sus emociones
a medida que nos relataba la causa de su depresión y ansiedad.
El fuego de la independencia está cundiendo en todos los países de
América, nos decía, y los pueblos están formando grupos selectos
de dos, tres o cuatro que se agrupan en clubes en todas las ciudades
importantes, confederándose bajo ciertos compromisos y comunicándose las noticias unos a otros. El era uno de ellos y era un
apasionado por las ideas de emancipación. Creía firmemente que
se romperían las cadenas de la tiranía y que, si el trono fuera ocupado por un sucesor, lo que él veía improbable, en menos de medio
siglo estaría vacante. Nos declaró que pondría en ello todo su fervor, aunque tuviera que sacrificarse por la causa" [78].

Nada sabemos acerca de quién sería este misterioso confidente,
pero sus palabras nos indican que ya algunos meses antes de que
regresara a Chile don Bernardo O'Higgins trayendo los ideales separatistas bebidos en Inglaterra por influencia de Miranda, existía
en el país un núcleo secreto que los alimentaba y que mantenía
contactos con otros grupos similares esparcidos en el resto de
América. Es indudable que en la penumbra, unos pocos espíritus
audaces alimentaban la esperanza de la revolución y se dedicaban
a sembrar rumores depresivos de la situación de España para sacar
ventajas del desconcierto o del desorden que de allí pudieran derivarse. Fué así como se difundió en 1805 en Buenos Aires la especie
de que Carlos IV había dejado el trono al infante don Carlos y
desposeído al Príncipe de Asturias, don Fernando, provocándose

[78] Citado por Eugenio Pereira Salas en "La influencia norteamericana en
las primeras constituciones de Chile", págs. 4-5, Santiago, 1945.

con tal motivo graves tumultos en España. Estos infundios, que no llegaron a agitar la opinión pública del Río de la Plata, fueron, sin embargo, capaces de incubar una conspiración en El Cuzco y un levantamiento en La Paz. Con razón el arequipeño Moscoso y Peralta, arzobispo de Granada, había informado al monarca años antes sobre el porvenir del reino indiano, diciéndole que: "La conservación de aquel país depende enteramente de la tranquilidad de España. Cualquiera turbación en su gobierno, la dominación extranjera, sobre todo, aun cuando fuese pasajera y momentánea, movería en las regiones de América el deseo natural de evitar igual suerte..." [79].

Las circustancias temidas por el Arzobispo Moscoso y anheladas por los escasos conspiradores, llegaron al fin y trajeron las consecuencias previstas. Pero sin ellas, difícilmente se hubiera sacado, al menos en fecha próxima, a América de su sumisión a la corona. Por consciente fidelidad o por mera rutina, las Indias habrían seguido durante años vinculadas a la monarquía española, sin que pudiera invocarse, para justificar la ruptura, la existencia de un régimen despótico o de una administración corrompida, de que tanto se ha hecho caudal después de consumada la independencia.

Entre los hombres que participaron activamente en Chile en los sucesos iniciados en 1810, hay dos que nos han transmitido un juicio bien preciso de las postrimerías de la dominación española en el país, que por cierto no se compadece con el comúnmente divulgado. Es el primero don Manuel de Salas, de cuya vasta ilustración y afán de progreso hemos tenido ocasión de hablar y que

[79] Citado por Felipe Ferreiro: "Ideas e ideales de los partidos y tendencias que actúan en el campo de lo político del reino de Indias de 1808 a 1810", en "II⁰ Congreso Internacional de Historia de América reunido en Buenos Aires en los días 5 a 14 de julio de 1937", tomo I, pág. 123, Buenos Aires, 1938.

en 1810 tenía cincuenta y seis años de edad; y el segundo, don Francisco Antonio Pinto, que a la sazón contaba con veinticinco años y era abogado y oficial de milicias. Ambos eran hombres cultos y maduros como para penetrarse a fondo del espíritu de la época. Pues bien, en su opúsculo sobre los *Motivos que ocasionaron la instalación de la Junta de Gobierno de Chile,* escrito poco después de este hecho, Salas hace estas afirmaciones: "Contentos todos con un gobierno atemperado, jamás han pensado en alterarlo, ni alguna vez se han oído aquellos recursos vanidosos, dimanados de los partidos que hay en otros pueblos, ni de quejas entre sus gobernadores. Es verdad que, al parecer, la Providencia les ha deparado siempre unos jefes que, o por su natural bondad, o por la clase de negocios que se versan en el país, o por el temperamento de sus habitantes, no presentaron motivos de movimientos, ni alarmas, como si hiciese el último esfuerzo para darle los mejores. En los últimos tiempos vinieron el justificado Benavides, el activo O'Higgins, el benéfico y recto Avilés, el sabio, noble y virtuoso Muñoz de Guzmán, para que con su falta desapareciese la feliz quietud de Chile, así como la libertad de Roma con la muerte de Pompeyo y de Catón". Sólo la imprudencia y arbitrariedad del Gobernador interino García Carrasco fue capaz de romper la tranquilidad del reino [80].

Por su parte, don Francisco Antonio Pinto evocará las postrimerías del régimen hispano con los siguientes términos: "Reinaba la más completa armonía de todos los chilenos entre sí y aun con los españoles. No se pensaba más que en el tiempo presente y ningún presentimiento amargo turbaba la suave corriente de nuestros pensamientos. Nadie temía ser encarcelado, ni expatriado por un abuso de autoridad. Los Capitanes Generales que conocí, todos, sin excepción, eran hombres buenos, estimados y respetados por su pro-

[80] Salas: "Escritos...", tomo II, pág. 94.

bidad. La administración de justicia, aunque morosa y embrollada, era recta e imparcial, y jamás oí la más ligera censura de cohecho o venalidad contra algunos de los oidores que componían la antigua Audiencia..." [81].

Esto lo escribía Pinto en 1853, después de haber servido los ideales de la revolución de independencia en la diplomacia y en los campos de batalla. Su fervor patriótico no le nubló la vista ni le impidió pensar con serenidad.

[81] Francisco Antonio Pinto: "Apuntes autobiográficos", en "Boletín de la Academia chilena de la Historia", segundo semestre de 1941, Nº 17, págs. 87-88.

Sobre la administración de justicia de aquellos tiempos, que ha sido acusada de lenta, arbitraria y desigual para los distintos grupos de la sociedad, conviene recordar algunas conclusiones sacadas por el Seminario de Derecho Público de la Universidad de Chile, después del análisis de centenares de expedientes de la justicia criminal: "En oposición a una creencia muy difundida y a la pretención de haberse logrado hoy mejoras y celeridad en el procedimiento, la sustanciación de los juicios criminales, se lleva durante la Colonia, por regla general, en corto tiempo y con un escaso volumen de autos... En lo referente a la protección que la legislación colonial instituye para el indio litigante, podemos observar que ella se cumple rigurosamente: los procedimientos son rápidos, las costas módicas, interviene el protector y las penas son benignas". ("Notas para el Estudio de la criminalidad y la penología en Chile colonial, 1673-1816. Aporte del Seminario de Derecho Público al Segundo Congreso Latino-americano de Criminología". Santiago de Chile, 1941; pág. 75-78). "En cuanto a los cargos sobre frecuentes disputas y contiendes de competencias —anota por su parte Enrique Zorrilla—, como sobre la corrupción de los jueces, que proceden principalmente de los testimonios que en sus "Noticias secretas" publican Juan y Ulloa, debemos tomarlas con beneficio de inventario y más especialmente para la Audiencia de Quito. Los manuscritos inéditos de Medina contienen también algunos de estos casos, pero se refieren mas bien al siglo XVII, época en que nuestras instituciones no se habían afianzado. Nuestra Audiencia de Santiago fué sin duda una de las más serias y más laboriosas y cuenta, entre sus principales figuras, a don Juan Rodríguez Ballesteros y a don Tomás Alvarez de Acevedo. Lo que se dice sobre la falta de correlación entre los diferentes cuerpos legales, lo encontramos falso y basta hojear algunos procesos para ver con qué minuciosidad se respetan las leyes". (Enrique Zorrilla: "Esquema de la justicia en Chile colonial", pág. 208; Santiago, 1942).

V. LA REVOLUCION AUTONOMISTA Y CONSTITUCIONAL

1. *LA CRISIS MONARQUICA DE 1808*

El año de 1808 va a traer consigo un vuelco inesperado en la ruta histórica de los pueblos hispanos. La artera invasión francesa en la península y la prisión del Rey legítimo Fernando VII, produce el instantáneo alzamiento del pueblo español. Juntas de resistencia brotan en todos los lugares sin mayor ligamen entre sí y vienen al fin a coordinar sus esfuerzos en una Junta Central que se constituye en Aranjuez y ha de trasladarse a Sevilla por los avances de Napoleón.

En todo este proceso apasionado y vertiginoso, lo que da sentido jurídico a la acción es la vieja doctrina que permite al pueblo reasumir la soberanía e instituir un nuevo gobierno cuando el titular se halla en la imposibilidad de ejercerlo. Por singular ironía del destino, la filosofía política que combatieron Carlos III y Carlos IV iba a transformarse en el sustentáculo de los derechos al trono de España de su descendiente, y la comunidad, al recoger el poder, vino a crear de inmediato las autoridades que ejercerían el mando en nombre del Rey cautivo y le conservarían la corona.

Pero, preciso es añadir que el pueblo español no estaba dispuesto a restaurar con el monarca los vicios del absolutismo borbónico y que la resistencia al usurpador francés contenía implícita una revolución de tipo constitucional, tan espontánea y vigorosa como la misma guerra de independencia. La víspera del ataque napoleónico, el pueblo, amotinado en Aranjuez, había echado por tierra al favorito Manuel Godoy, que en su caída arrastró al estúpido Carlos IV. Y el ascenso de Fernando al trono vino a colmar las esperanzas de los que anhelaban, junto con la extirpación completa del absolutismo dieciochesco, el reaparecimiento de la comunidad en la vida política al través de las antiguas Cortes o de acuerdo con los moldes liberales plasmados en la revolución francesa.

En agosto de 1808 llegaron a Chile las primeras noticias de la caída de Godoy y de la elevación del nuevo Rey. La alegría que ellas produjeron fue grande, aunque nublada casi de inmediato por el impresionante aviso de la traición francesa y cautiverio del monarca. Un impulso unánime de adhesión a Fernando y repudio al usurpador se advierte en los habitantes, y de ello da testimonio la proclamación solemne que del primero hace el Cabildo de Santiago, a la que sigue, a principios de 1809, el juramento de fidelidad a la Junta Central de Sevilla como gobierno legítimo de toda la monarquía.

Sea por honda convicción o frío cálculo político, la Junta Central creyó oportuno subrayar en ese instante de prueba para la comunidad hispánica, la equivalencia jurídica de las provincias ultramarinas respecto de las europeas, no siempre reconocida en la práctica por los burócratas del absolutismo. Y así, por decreto del 22 de enero de 1809, invitó a los virreinatos y capitanías generales del Nuevo Mundo a enviar sus representantes a la Junta gubernativa del reino, "considerando que los vastos y preciosos dominios que la España posee en las Indias no son propiamente colonias o factorías, como las de otras naciones, sino una parte esencial e integrante de la monarquía española, y deseando estrechar de un modo indisoluble los sagrados vínculos que unen unos y otros dominios, como asimismo corresponder a la heroica lealtad y patriotismo de que acababan de dar tan decisiva prueba a la España en la coyuntura más crítica en que se ha visto hasta ahora nación alguna".

Naturalmente este anuncio de la metrópoli debió ser recibido con satisfacción por los sectores criollos que aspiraban a la realización de hondas reformas. Pero no faltó entre ellos quienes escucharon con escepticismo las bellas palabras y las atribuyeron sólo al momentáneo temor de que pudieran perderse a la tuición castellana los más ricos florones de su corona. Don Juan Martínez de Rozas, jurista sagaz tocado de enciclopedismo, escribía desde Concepción a mediados de 1809 a su amigo don José Antonio de Rojas: "La Junta del día es un colegio de reyes filósofos que hablan el lenguaje de la razón. Mudando el gobierno o mudando las circunstancias, no sé cuál hablaría. Tal vez las colonias vendrían a ser entonces lo que han sido siempre, colonias y factorías en todo el sentido de la palabra y sobre un plan que ha sido desconocido en la antigüedad".

Y había razones para mostrarse escéptico, pues los exponentes próximos de la burocracia española no ayudaban a formarse ilusiones de las cabezas lejanas. La muerte del apacible Gobernador Muñoz de Guzmán, en 1808, había colocado el mando interino de Chile, por el ministerio de la ley, en las manos del Brigadier don Francisco Antonio García Carrasco, militar sin antecedentes ni tacto que veía en los súbditos sólo sujetos pasivos y sumisos, incapaces de ejercer el menor derecho político. La nota de la Junta Central abría a los criollos, en su concepto, peligrosas perspectivas, colocando en sus manos facultades incompatibles con el incondicional sometimiento a la corona. De ahí que dilatara por meses su transcripción oficial al Cabildo de Santiago, a fin de evitar el nombramiento de un diputado a la metrópoli y que igual cosa hiciese con una nueva comunicación de la Junta, que modificaba la forma de designar a los representantes de América y exigía, entre otros requisitos, que los elegidos fuesen naturales de estas tierras. Gracias a tales maniobras, alentadas por la Real Audiencia, García Carrasco logró esterilizar para Chile los beneficios del decreto de la Junta Central e impedir que en ella figurara un representante de este reino.

2. *EL DOCTRINARISMO POLITICO DE 1810*

Los acontecimientos de la península habían sido capaces de mostrar hasta dónde la fidelidad al Rey era cosa de arraigo en el alma de los chilenos. Pero la contingencia histórica porque atravesaba la Madre Patria, dió también ocasión a que afloraran los adormecidos derechos políticos de la comunidad y reclamasen su parte en el gobierno. Después de todo, el pueblo español les estaba enviando el ejemplo, no sólo de resistencia al invasor francés, sino de repudio al absolutismo y de activo ejercicio de la función política con el establecimiento de las diversas Juntas locales. Y el recobrar y defender los atributos de la "república", no tenía por qué ir en mengua de la obediencia al monarca. Por el contrario, resultaba ésta más espontánea y sincera cuando aparecía adoptada por la libre voluntad del pueblo.

Esto no lo veían así, sin embargo, aquellos españoles o chilenos educados en el culto al poder omnímodo de los reyes, y para los cuales el menor intento de limitar sus atributos equivalía a un acto de rebelión contra Dios, institutor directo de esa potestad. Por otra parte, los funcionarios administrativos de extracción peninsular tampoco podían ver con buenos ojos el crecimiento político de los criollos, de quienes tenían motivos para suponer el deseo de monopolizar la totalidad de los cargos del país. El miedo de perder los empleos remunerativos, para cuyo usufructo habían atravesado el océano, les hizo defender con ardor el acatamiento incondicional a las autoridades alzadas en España en nombre del Rey cautivo y combatir con igual vehemencia la posible instalación de un gobierno local, aunque éste pudiera asemejarse a las Juntas provinciales brotadas en la metrópoli.

De seguro, la mayor parte de los burócratas eran leales vasallos de Fernando VII, sin que acaso faltaran algunos que se inquietaban más por la suerte de su prebenda que por la restauración del Rey legítimo, y de buenas ganas hubieran reconocido al usurpador victorioso a trueque de afianzar su estabilidad económica. Pero si esto lo pensaron, jamás se atrevieron a formularlo en público. La atmósfera fidelista era demasiado fuerte para que sus palabras hubieran tenido otro eco que la máxima indignación. No obstante, induce a sospechar que ese pensamiento se anidó en más de una mente el hecho de que reaccionaran con tanta energía ante la idea de algunos criollos de proclamar la independencia de estas tierras en el caso de que toda la península cayese en manos de Napoleón. Al fin no otro fue el verdadero origen de la arbitraria prisión decretada en mayo de 1810 por el Gobernador García Carrasco en contra de los patricios Rojas, Vera y Ovalle, aunque se dijo para justificarla que ella tenía por objeto aplastar una vasta conspiración separatista.

El proceso que se siguió a los detenidos y del que ellos salieron absueltos, proporciona la medida exacta del doctrinarismo dominante entre los criollos la víspera de la instalación de la Junta de Gobierno [82]. La indiscutida fidelidad al monarca, la reivindicación de los derechos políticos de la comunidad frente al absolutismo y la conciencia de que las Indias no eran colonias sino provincias unidas a España en la persona del monarca común, fluyen de una manera clara al través de sus páginas.

[82] "Proceso seguido por el Gobierno de Chile en 25 de mayo de 1810, contra don Juan Antonio Ovalle, don José Antonio de Rojas y el doctor don Bernardo de Vera y Pintado, por el delito de conspiración", "Colección de historiadores y de documentos relativos a la independencia de Chile", tomo XXX, Santiago, 1938.

Precisamente la lealtad al Rey es la que movía a muchos criollos a desear antes desligarse por entero de España, que sufrir con ella el completo dominio del invasor francés. La declaración de Ovalle es al respecto muy clara y no halló entonces contradictor: "¿Qué se entiende por independencia? ¿El separarse de la metrópoli? Eso no es lícito. Y siempre se me ha oído decir y fundar que no hay derecho para ello, porque la corona de Castilla hizo la conquista de las Américas con su dinero y su gente. Y así, todo proyecto y toda resolución para evitar la anarquía, que es lo peor, se debe dirigir al doloroso caso de aquella pérdida. Ahora, pues, si lo que Dios no quiera, conquistaran los franceses la España, ¿deberíamos estar dependientes de ella? El que diga que sí merece la horca y lo mismo quien diga que debemos sujetarnos a los ingleses: luego la independencia de éstos es necesaria y justísima".

El argumento guarda perfecta concordancia con la actitud asumida apenas tres años antes por los criollos con ocasión del ataque británico a Buenos Aires y es repetido por otro de los procesados, el Doctor Vera, catedrático de la Universidad y jurista de mérito. Eso sí que éste no se limita al indicado tema, sino que yendo más adelante en sus declaraciones, se encara también, de manera resuelta, con el problema del absolutismo. La participación del pueblo en la vida política es un requisito indispensable, en su concepto, para que el poder monárquico no degenere en tiranía. Con publicaciones recién llegadas de la península robustece y afianza su alegato, citando entre otros un opúsculo madrileño de 1808 intitulado: *Política popular acomodada a las circunstancias del día,* que aboga por el restablecimiento de las Cortes como medio de asegurar la libertad frente a las demasías del Rey y sus ministros. "En el gobierno monárquico —concluye Vera— a diferencia del despótico, el vasallo, en tanto depende del príncipe, en cuanto (éste) depende de las leyes".

Y que junto a la idea de limitación del poder real volvía asimismo a actualizarse la doctrina tradicional de que las Indias pertenecían a la corona, pero no a la nación española, lo prueban estas estrofas anónimas que circularon en Santiago en 1810 y que fueron halladas en casa de don José Antonio de Rojas por los corchetes del Gobernador García Carrasco:

¿Por qué (amigos) tanta saña?
¿el real nombre no acatamos?
Cumplimos lo que juramos,
mas no juramos la España.
Ustedes con harta maña,
mandarnos quieren ahora;
mas su razón no mejora,
o la España está mal quista,
pues siendo toda conquista,
será Asturias la señora.

No el derecho que tenían
los reyes a esas conquistas
las hicieron mejor vistas,
sino que allí residían
los que la conquista hacían,
guardándole sus honores.
Así estos conquistadores,
cuando de España vinieron,
ni los suyos los cedieron,
ni el fruto de sus sudores.
Ni de colonia este emporio
tiene la menor señal,
pues nunca lo principal
es menos que lo accesorio.

Poniéndose en el caso en que desapareciera toda la dinastía y
que España nombrara un nuevo Rey, el escritor anónimo advierte
que de ningún modo América estaría obligada a acatarle, sino por
su libre voluntad. Porque América no es una colonia sino un cuerpo político con vida propia, unido a España por espontánea determinación en la persona del Rey:

> *Si cuantos tienen derecho*
> *faltaren, por sólo el hecho*
> *que España hiciese elección*
> *de un Rey sin intervención*
> *de la América, ¿estuviera*
> *ésta obligada? ¿no fuera*
> *preciso que conviniese?*
> *Si esto la Central no viese*
> *diputados no pidiera.*
> *Quedemos, amigos, pues,*
> *que estos reinos muchos son*
> *para ser un pelotón*
> *pegado a España, que no es*
> *colonia esclava, ni es*
> *porción que a la España siga;*
> *hermana de ella y amiga,*
> *un cuerpo con ella hace,*
> *y de esta unión el enlace*
> *forma el Rey que a entrambas liga.*

No tendría objeto detallar aquí las peripecias de la lucha entre
el Gobernador y los criollos parapetados en el Cabildo de Santiago. Lo que interesa destacar es que este cuerpo, como en sus mejores días, sale por los fueros atropellados y que entabla una ofensiva

a fondo contra el administrador arbitrario hasta obtener su renuncia el 16 de julio de 1810. Este hecho iba a ser sólo la fase inicial de un proceso de increíbles proyecciones, acelerado por los acontecimientos de la península y la persistente actitud de la burocracia europea en América.

Apenas unos días después de la renuncia de García Carrasco, se tuvo en Santiago la noticia de que la Junta Central, trasladada de Sevilla a la isla de León por los avances napoleónicos, había entregado el poder a un Consejo de Regencia que, cediendo a la presión de varias Juntas provinciales, convocó a una reunión de Cortes con participación de las provincias de ultramar. El llamado a remitir diputados iba seguido de una proclama que exaltaba los derechos de los americanos en términos por demás vehementes: "Desde el principio de la revolución —decía— declaró la patria esos dominios parte integrante y esencial de la monarquía española. Como tal les corresponden los mismos derechos y prerrogativas. Siguiendo este principio de equidad y justicia, fueron llamados esos naturales a tener parte en el gobierno representativo que ha cesado [la Junta Central]. Por él la tienen en la Regencia y la tendrán en las Cortes. Desde ese momento, españoles americanos, os veis elevados a la dignidad de hombres libres. No sois ya los mismos que antes, encorvados bajo un yugo tanto más duro mientras más distantes estabais del centro del poder, mirados con indiferencia, vejados por la codicia y destruídos por la ignorancia... Tened presente al pronunciar o al escribir el nombre del que ha de venir a representaros en el congreso nacional, que vuestros destinos ya no dependen ni de los ministros, ni de los virreyes, ni de los gobernadores: están en vuestras manos".

Esta fraseología vehemente del liberalismo romántico español, que, sin perjuicio de remachar la doctrina borbónica del Estado nacional, como medio de salvar la unidad de la vasta monarquía hispanoindiana, recogía con hiperbólico acento revolucionario las quejas de los criollos, vino a constituir un colosal e inesperado refuerzo ideológico para el partido del Cabildo. Puede pues colegirse el desagrado con que se enterarían de su texto los tozudos sostenedores del absolutismo, aunque el mismo correo les compensara el mal trago al difundir la noticia de que la Regencia había nombrado Gobernador de Chile a don Francisco Javier Elío, reconocidamente hostil a las pretensiones criollas. ¿No era esto borrar de un trazo todo la hinchada retórica del manifiesto? Sin duda, pero la inconsulta medida de la Regencia, lejos de paralizar los ímpetus del Cabildo, los exacerbó al extremo. El anhelo de instalar una Junta de Gobierno va abriéndose camino y el debate con los grupos contrarios sube de tono. El 29 de agosto de 1810 el Padre José María Romo, desde el púlpito de la Merced, denuncia como contrarios a la obediencia legítima al Rey los manejos en pro de la creación de una Junta. Dos días después el Cabildo eleva una protesta por este sermón al nuevo Gobernador interino, Conde de la Conquista, y refuta con energía las afirmaciones del predicador. "De manera, señor, —dice en la réplica— que en concepto de este religioso han sido tumultuarias todas las Juntas establecidas en los reinos de España, que ya no tienen otro gobierno, y últimamente la de Cádiz que, a más de hacerlo, propone por modelo su deliberación a cuantas personas quieran imitarla, pasando de oficio al Superior Gobierno y a este Cabildo un tanto de cuanto instalaron, para nuestro gobierno y ejemplo. Todos estos pueblos serán, sin duda, tumultuarios en el concepto y faltaría en ellos la jurada fe a nuestro monarca. Un pueblo, señor, que ha oído predicar esto en la cátedra del Espíritu Santo, ¿qué opinará de aquella provincia? ¿qué de la de Buenos Aires? ¿y qué hará si en esta capital en alguna ocasión las circunstancias obligan a lo mismo?..."

La última frase envolvía una clara advertencia de que tarde o

temprano el pueblo de Santiago haría lo mismo que el de otras
capitales de América y esto no por insubordinación sino en el ejercicio de un legítimo derecho. Lo había reconocido, después de
todo, la propia Regencia al decir a los indianos: "vuestros destinos
ya no dependen ni de los ministros, ni de los virreyes, ni de los
gobernadores: están en vuestras manos".

En medio de la ardorosa polémica circularon diversos pasquines
manuscritos que incitaban a los criollos a obtener el triunfo de la
tesis juntista. Uno de ellos, titulado *Diálogo de los porteros,* atri-
buído a don Manuel de Salas, actualizaba la doctrina del origen
popular del poder arrinconada por el absolutismo y extraía de la
vieja legislación castellana disposiciones favorables al establecimiento de la Junta. "Todo viene de Dios, así como, v. gr., los Obispos,
los curas y los demás; pero los primeros por mano del Rey y los
otros por mano de los mismos Obispos. Los Reyes vienen de Dios
por mano del pueblo y para bien del pueblo", afirmaba categóri-
camente el documento. El pueblo, al instituir los Reyes, dispuso
como más adecuado que al morir ellos les sucediesen sus hijos, "y
dio facultad a sus príncipes para que, cuando se ausentasen o
dejasen hijos pequeños, nombrasen quienes gobernasen el reino;
y estos mismos reyes dispusieron que, cuando no tuviesen tiempo
de nombrar o no pudiesen hacerlo por muerte, enfermedad, etc.,
se juntasen los principales y eligiesen cinco o tres sujetos formales
para que gobernasen ... que en sustancia es lo propio que volver
el pueblo a hacer lo que hizo al principio y a nombrar quien lo
gobierne interín crece, sana o vuelve el que nombró para que go-
bernase en propiedad" [83]. Las normas consagradas por Alfonso el
Sabio en la Partida II, título 15, ley 3ª, adquirían así, en el concepto del autor del *Diálogo,* una indudable oportunidad de aplicación.

[83] Salas: "Escritos ...", tomo II, págs. 139-149.

Pero entre todos los pasquines agitadores del momento, por su hondo e insuperable contenido doctrinario, es digno de destaque el *Catecismo Político Cristiano* que una mano misteriosa rubricó con el pseudónimo de José Amor de la Patria. Si no hay por ahora antecedentes que permitan resolver con precisión el problema de su paternidad y hasta se da como posible de que se trate de un trabajo escrito, al menos en parte, fuera de Chile y adaptado a las circunstancias del país, la lectura cuidadosa del texto ayuda a definir al autor como una mente avezada en el manejo de las doctrinas políticas de la escolástica española, de las que extrae —y no de Rousseau, como ha sostenido Barros Arana sin fundamento— los más fuertes testimonios contra el absolutismo [84]. No sólo el empleo de argumentos bíblicos, sino también la predominante estructura silogística del discurso hacen a veces presumir que se trata de una pluma eclesiástica o por lo menos muy habituada a las

[84] Ricardo Donoso, en su estudio sobre "El Catecismo Político Cristiano", Santiago, 1943, destruye la aseveración sin asidero de Barros Arana de ser don Juan Martínez de Rozas el autor de esta notable pieza doctrinaria y se manifiesta resuelto partidario de atribuir su paternidad al abogado del Alto Perú don Jaime Zudáñez. Sin duda favorece tal hipótesis el hecho de que este jurista se hubiese formado en la Universidad de Chuquisaca, fundada por los jesuítas en el siglo XVII y donde perduraba por obra de sus discípulos, hasta la víspera de la independencia, la doctrina de la transmisión popular de la soberanía que defiende el "Catecismo". Ver: Valentín Abecia: "Historia de Chuquisaca", Sucre, 1939; Gabriel René-Moreno: "Ultimos días coloniales del Alto Perú", Santiago, 1916; Jaime Mendoza: "La Universidad de Charcas y la idea revolucionaria", en "Universidad de San Francisco Javier", N° 23, Sucre, 1940. Pero la supuesta paternidad de Zudáñez pierde consistencia ante el hecho de no hallarse el jurista en Chile cuando se trabajaba por la instalación de la Junta de Gobierno y el desconocimiento de los poderes de Elío, objetivos primordiales del "Catecismo" que fluyen de la más superficial lectura de su texto. Resulta fuera de toda lógica presumir que al llegar Zudáñez a Chile al año siguiente de transcurridos estos hechos, gastase su tiempo en componer una pieza destinada a provocar un paso que ya se había dado. Más fundada nos parece la hipótesis de Aniceto Almeyda de que el autor del "Catecismo" sería el doctor don Bernardo de Vera Pintado.

polémicas de tipo escolástico. La analogía con las doctrinas de Suárez y de Molina no ha de sorprender si se tiene presente que las obras de estos filósofos se conservaron en las bibliotecas particulares a pesar del extrañamiento de la Compañía de Jesús y de la execración de sus tratadistas [85].

Comienza el *Catecismo* por referirse a las diversas formas de gobierno y se muestra contrario a la monarquía, advirtiendo que fue dada por Dios como castigo al pueblo de Israel, cosa que ya habían observado algunos tratadistas españoles de la edad de oro, entre ellos Quevedo. El peligro que ve en el régimen monárquico es su fácil derivación a la tiranía, y aunque reconoce que existen bajo él arbitrios para contener a los reyes en sus justos límites, como lo fueron las Cortes en España, se encarga de recordar que ellos las aniquilaron para establecer "el despotismo sobre las ruinas de la libertad".

Al referirse al origen del poder, recoge de la filosofía tradicional los principios fundamentales: "Dios gobierna el universo y concurre o permite toda las cosas que acontecen entre los mortales, obrando como causa universal y primera; y en este sentido se debe decir y se ha dicho que todas las cosas sublunares dimanan de providencias del Altísimo; pero todos los efectos naturales tienen causas segundas inmediatas y naturales de que proceden, y esto es lo mismo

[85] Sobre el afloramiento de las doctrinas políticas de la escolástica española en las horas iniciales de la revolución americana, consúltese el interesante estudio de Manuel Giménez Fernández: "Las doctrinas populistas en la independencia de Hispano-América", Sevilla, 1947.

El afán de atribuir a priori al doctrinarismo francés influencia en los movimientos juntistas americanos, ha sufrido un nuevo mentis con la comprobación de que el chileno don José Cortés Madariaga, Canónigo de Caracas, de decisiva influencia en la instalación de la primera Junta en esta ciudad, había denunciado en 1804 a la Inquisición la circulación de las obras de Rousseau, Voltaire, Raynald y Montesquieu. (Manuel Pérez Vila: "El Canónigo Madariaga y la Inquisición Caraqueña", en "Revista Nacional de Cultura", N° 119; Caracas, XI-XII, 1956).

que sucede con la autoridad de los reyes y de los demás potentados que mandan a los hombres..." El pueblo ha sido el generador inmediato del poder de los reyes. Cuando el pueblo aceptó el régimen monárquico, puso límites a las prerrogativas del titular: "El pueblo que ha conferido a los reyes el poder de mandar, puede, como todo poderdante, revocar sus poderes y nombrar otros guardianes que mejor correspondan a la felicidad común".

Para no dejar duda de que tal ha sido el planteamiento ortodoxo de la cuestión y que el absolutismo borbónico se había ensañado contra él procurando extinguirlo de la conciencia de los súbditos, el autor del manifiesto apunta como corolario: "Esta ha sido la opinión, o por mejor decir, ésta ha sido la doctrina sensata de los santos, de los filósofos y de los sabios de la antigüedad; pero los reyes la han hecho proscribir de las tierras de su imperio y sus viles esclavos y lisonjeros han callado y sólo murmuraban en secreto". El recuerdo de la expulsión de los jesuítas y de las medidas persecutorias desencadenadas en contra de sus teorías políticas, late implícito en las anteriores líneas. Un discípulo de la "ilustración" no habría podido escribirlas, puesto que presuponen el reconocimiento de que la libertad política no es una conquista humana de última hora, sino un patrimonio tradicional y cristiano que hay que reactualizar.

Una de las consecuencias más importantes del origen popular inmediato de la soberanía y sobre la que José Amor de la Patria pone especial acento, porque así lo exige la hora crítica del mundo hispano, es de que producida la muerte o cautiverio del Rey y de toda su familia, "la autoridad vuelve al pueblo de donde salió... y el pueblo es el único que tiene autoridad para nombrar o instituir un nuevo Rey, o para darse la forma de gobierno que mejor le acomode para su prosperidad". Y como hombre sagaz que sabe aprovechar para su causa no sólo los planteamientos teóricos sino las actitudes prácticas de sus posibles adversarios, el autor se encarga de añadir: "Esta es la doctrina que, como verdad incontrastable, han enseñado los mismos españoles en sus proclamas, actas y manifiestos escritos con motivo de la invasión y perfidia de Bonaparte, y así es que verificado el cautiverio de los reyes y toda la familia, las provincias de España instituyeron las Juntas provinciales independientes las unas de las otras, y al fin instituyeron la Junta Suprema por la elección y voto de todas las provincias".

Colocadas las premisas del orden especulativo y del orden práctico, la argumentación del hábil dialéctico sigue implacable su curso. La Junta Suprema tiene autoridad para mandar en España porque está fundada en la voluntad popular, pero otra cosa es que pretenda extender su jurisdicción a América. "Los habitantes y provincias de América sólo han jurado fidelidad a los reyes de España y sólo eran vasallos y dependientes de los mismos reyes, como lo eran y han sido los habitantes y provincias de la península. Los habitantes y provincias de América no han jurado fidelidad ni son vasallos o dependientes de los habitantes y provincias de la península: los habitantes y provincias de España no tienen pues autoridad, jurisdicción, ni mando sobre los habitantes y provincias de América: ellos y ellas no han podido trasladar a la Junta Suprema una autoridad que no tienen; la Junta Suprema no ha podido pues mandar legalmente en América".

El silogismo escolástico, con lógica de hierro, ha ido empujando las cosas a un punto culminante: el derecho de los criollos de formar también sus Juntas provinciales. "Los gobernadores de América, así como los gobernadores de España, perdieron su autoridad y jurisdicción luego que faltó el príncipe que les delegó; en este caso la autoridad para nombrarlos o para formar el gobierno provisional más adaptado a la felicidad común, se ha devuelto a los habitantes, a los pueblos y provincias de América, como en España a los suyos y a las suyas".

Era el mismo argumento invocado meses atrás por el criollo rioplatense don Cornelio Saavedra ante el Virrey Cisneros: "¿Por ventura este inmenso territorio, sus millones de habitantes, deben reconocer la soberanía de los comerciantes de Cádiz y de los pescadores de la isla de León? ¿Por ventura habrán pasado a Cádiz y a la isla de León, que forman parte de Andalucía, los derechos de la corona de Castilla, a la cual fueron incorporadas las Américas...? Aquél que ha dado a V. E. la autoridad para mandarnos ha dejado de existir y por consiguiente las fuerzas en que se apoyaba esa autoridad tampoco existen".

No cabe, pues, para José Amor de la Patria, sino una actitud frente al hecho ocurrido: convocar un Cabildo abierto para elegir una Junta de Gobierno que asuma el mando mientras el Rey se encuentre cautivo. "Dejemos lo demás al tiempo y esperemos los acontecimientos", añade el *Catecismo*. Si Fernando regresa, para él serán estos dominios que le han sido guardados fielmente, sólo que en ningún caso podrá ejercer en ellos una potestad discrecional, porque entonces, "enseñados por la experiencia de todos los tiempos, formaremos una constitución impenetrable en el modo posible a los abusos del despotismo, del poder arbitrario, que asegure nuestra libertad, nuestra dignidad, nuestros derechos y prerrogativas como hombres y como ciudadanos". Y, en cambio, si el monarca no recobra su corona, "entonces podremos formarnos el gobierno que juzguemos más a propósito para nuestra felicidad y bienestar".

El memorable documento concluía con una violenta denuncia de los abusos cometidos por la metrópoli en América, sobrecargada de resentimiento y amarga desconfianza frente a las promesas de reforma y de igualdad que ahora venían desde España. La susceptibilidad exacerbada de los criollos se muestra aquí al desnudo y revela un mar de fondo de amenazadoras posibilidades [86].

Sin duda la lealtad al Rey no aparece comprometida a lo largo de todo el manuscrito y la frecuente apelación a los derechos políticos de la comunidad y el repudio al despotismo no implican un necesario propósito separatista. La revolución que propicia José Amor de la Patria es de índole constitucional, como la que en esos momentos bulle en la península, aunque un atento examen de su pensamiento autoriza suponer que todo lo sacrificaría al logro de su triunfo. La manifiesta hostilidad que hacia el régimen monárquico, en cuanto tal, exhibe ya en las primeras páginas de su escrito, régimen que, por otra parte, es el único vínculo que reconoce entre España e Indias, revela que para él está lejos de significar una institución intangible y sagrada y que se hallaría muy dispuesto a quitársela de en medio si pretendiere entorpecerle en sus propósitos. De ser éstas sus miras, habría ido más lejos que los fervorosos juntistas del Cabildo, muy devotos todavía de la Majestad real y, como tales, propensos a escandalizarse, de seguro, de más de una proposición del *Catecismo*.

Prescindiendo de aquellos puntos extremos, que serían compartidos por una pequeña y escondida minoría, es indudable que el *Catecismo* definió en una forma magistral la concepción doctrinaria y jurídica dominante en esos momentos. Años después, en 1834, al historiar la época, el franciscano fray José Javier de Guzmán, que militó desde el primer momento en las filas patriotas y fue cuñado de don Domingo José de Toro, en cuya casa se fraguó la reunión del 18 de septiembre, sintetizó en estos términos la

[86] El texto completo del *Catecismo* está incluído en el tomo XVIII de la "Colección de historiadores y de documentos relativos a la independencia de Chile". Donoso, en su trabajo citado en nota 84, comprueba algunas variantes en las versiones hasta ahora conocidas.

postura de los hombres del año 1810, del todo coincidentes con la exposición del *Catecismo:*

"Siendo unos mismos los derechos de los americanos que los de los españoles, como también los motivos que se presentaban para establecer sus Juntas, determinaron hacer lo propio que aquéllos, que es decir, organizar una Junta Gubernativa que a nombre del Rey proveyese y despachase en todas las ocurrencias que sobreviniesen durante la cautividad de aquel monarca; pues, aunque se erigió en Sevilla una Junta que se denominó Suprema, no debía la América sujetarse a ella, por ser, según las leyes de Indias, independiente de toda sumisión a provincia alguna de España, aunque se considerase como una parte integrante de la monarquía; porque la cesión que hizo el Papa Alejandro VI a la petición que hicieron de las Américas los Reyes Católicos, no fue a los españoles, ni a las provincias de España, sino a los mismos Reyes y soberanos de Castilla" [87].

3. *EL 18 DE SEPTIEMBRE*

La lucha entre el bando reformista encabezado por el Cabildo y el núcleo absolutista que dirigía la Audiencia, alcanzó en el mes de septiembre su punto culminante. El día 11 los cabildantes se presentaron a la casa del Conde de la Conquista y pidieron a éste que citara a los Oidores y jefes militares. Vinieron ellos y en su presencia el Alcalde, don Agustín de Eyzaguirre, propuso sin rodeos, como medio de concluir con el estado de agitación en que vivía la ciudad, el inmediato nombramiento de una Junta de Gobierno. Era ésta la primera vez en que el anhelo tantas veces defendido en polémicas privadas lograba una formulación pública y oficial. Las palabras de Eyzaguirre fueron de inmediato apoyadas

[87] José Javier Guzmán: "El chileno instruído en la historia topográfica, civil y política de su país", tomo I, pág. 259, Santiago, 1834.

por el Regidor don Fernando Errázuriz y el Procurador don José Miguel Infante, pero los miembros de la Audiencia alegaron que después de haberse reconocido al Consejo de Regencia, no podría negarse obediencia a don Francisco Javier Elío, nombrado por éste como Gobernador del reino. Fracasaron por ahora los juntistas en su intento, pero en una segunda reunión celebrada el día 13 consiguieron arrancar del vacilante Gobernador interino, Conde de la Conquista, la convocatoria a un Cabildo abierto para el 18 de septiembre, a fin de consultar al pueblo sobre la actitud que debería adoptarse.

No ha faltado la especulación de algunos historiadores acerca del oculto fondo separatista que habría albergado el aparente propósito de defender los derechos de Fernando VII por medio de una Junta de Gobierno. Si resulta imposible penetrar a la distancia en el íntimo pensamiento de cada uno de los hombres que actuaron en la memorable jornada del 18 de septiembre de 1810, no faltan pruebas suficientes como para afirmar que ellos estuvieron guiados por una sincera fidelidad al Rey. Existen trozos de una carta dirigida desde Santiago, cuatro días antes de este suceso, por el capitán de Ingenieros don Juan Mackenna al doctor don Juan Martínez de Rozas, residente en Concepción, que nos descubre de manera suficiente la intención de dos hombres llamados a representar un papel relevante en los acontecimientos de la época. Mackenna da cuenta a Rozas de que las noticias llegadas de la península son cada vez más pesimistas para la causa de las armas españolas. El triunfo de Napoleón parece definitivo y no se vislumbra medio para impedirlo. "Lloremos —dice Mackenna— el triste éxito de la guerra más gloriosa, o a lo menos la más justa de que hay mención en la historia, pero no nos entreguemos a un triste abatimiento y letargo, cuyas consecuencias pueden ser funestas a esta parte de los dominios de nuestro legítimo monarca Fernando VII, cuyos derechos ahora y siempre defenderé con la última gota de mi sangre". Luego de dar este testimonio íntimo de la lealtad al soberano caído, descubre sus temores de que Napoleón, después de consolidar su triunfo en la metrópoli, equipe una escuadra para adueñarse de América, lo que no sería difícil por la mala defensa de ésta. Añade que resulta difícil organizarla por la pobreza fiscal, por no considerarse el Gobierno revestido de autoridad suficiente como para imponer nuevos e indispensables tributos y por la lamentable desunión entre europeos y criollos. Señala, en seguida, la forma que emplearon los pueblos de la península para regirse en ausencia del Rey y que debe imitarse en América: la instalación de Juntas. "Es una máxima —dice— de eterna verdad en todos los países donde hay Cortes que saben pensar, que los pueblos tienen más confianza y más respeto en muchos o en un cuerpo de magistrados, que en un solo individuo, no teniendo éste superior o freno. De este principio dimanaron las Juntas de España, pues, resultando de la inicua prisión de nuestro amado Fernando en Bayona la total desorganización de la monarquía, los pueblos en un momento se vieron sin Rey y, por consiguiente, sus magistrados sin superior ni freno, pero también éstos se vieron sin la confianza de los pueblos, único verdadero apoyo de todo gobierno, y sin las facultades necesarias para poner en movimiento todos aquellos resortes de que las naciones nobles y generosas como España son susceptibles en defensa de su Religión, Patria y Rey. De este extraordinario conjunto de circunstancias resultó la forzosa moda de Juntas, a las que se debe y sólo se debe la más enérgica y obstinada oposición que hasta ahora han encontrado los opresores al género humano y destructores de la poca libertad que restaba en el continente de Europa. En igual situación política que la arriba bosquejada se hallan los reinos y provincias de América..."

Mackenna anuncia la inminente instalación de una Junta en

Santiago, que será respaldada con fuerza pública suficiente como para reprimir toda resistencia, y concluye diciendo a Rozas, su más seguro confidente en Concepción: "En fin, Ud. que conoce ese pueblo y todos sus resortes sabrá mejor que nadie lo que deba hacerse y en mí sería presunción hablar a Ud. más sobre el particular" [88].

Como se esperaba, se reunió el 18 de septiembre el Cabildo abierto y en él el Gobernador interino, Conde de la Conquista, hizo dejación del mando, conformándose con lo que dispusiera el pueblo. La voz del mismo se hizo oír por boca del Procurador de la ciudad, don José Miguel Infante, que en un meditado discurso se refirió a los sucesos de la península y a las razones que abonaban la creación de una Junta de Gobierno. Descansaban éstas sobre un fundamento más que centenario: las leyes de Partidas, y sobre el ejemplo de su aplicación que estaba dando la misma España: "En un caso como el presente de estar cautivo el soberano y no habiendo nombrado antes regente del reino, previene la ley 3ª, título 15, Partida segunda, que se establezca una junta de gobierno, nombrándose los vocales que deban componerla "por los mayorales del reino, así como los perlados, e los ricos homes, e los otros homes buenos e honrados de las villas". La nación española, luego que supo el cautiverio de su monarca, estableció la Suprema Junta de Sevilla, después la Central y últimamente el Supremo Consejo de Regencia; y no obstante de que en aquélla y en éste se halla depositada la autoridad soberana, se eligieron también varias juntas provinciales con subordinación a la Suprema. No necesito haceros ver los motivos por qué la ley adopta esta clase de gobierno en un caso como el presente; porque a nadie puede ocultarse que la confianza pública reposa mejor en un gobierno com-

[88] Los fragmentos conocidos de la carta de Mackenna los publicamos en el "Boletín de la Academia chilena de la Historia", N° 54, primer semestre de 1956.

puesto de algunos individuos, que no cuando uno solo lo obtiene".
Y reforzando el argumento con las razones venidas de la metrópoli,
el Procurador Infante añadió: "Si se ha declarado que los pueblos
de América forman una parte integrante de la monarquía, si se
ha reconocido que tienen los mismos derechos y privilegios que los
de la península y en ellos se han establecido juntas provinciales,
¿no debemos establecerlas también nosotros? No puede haber
igualdad cuando a unos se niega la facultad de hacer lo que se ha
permitido a otros y que efectivamente lo han hecho. ¿Esperáis
acaso un permiso expreso de la suprema autoridad que reside en
la metrópoli? Pues aún eso lo tenéis. En la proclama dirigida a
los pueblos de América participándoles la instalación del Consejo
de Regencia, se dice que la Junta de Cádiz servirá de modelo a
los que quieran constituir igual gobierno. ¿No es éste un verdadero permiso? . . . [89].

Fue imposible que los enemigos de innovaciones pretendieran
expresar su discrepancia con los argumentos de Infante. Los úni-
cos que intentaron hacerlo: el peninsular don Santos Izquierdo,
Caballero de la Orden de Montesa, y el criollo don Manuel Manso, administrador general de la Aduana, fueron de inmediato
silenciados. Los juntistas, dominadores de la asamblea, no acepta-
ron discusión e impusieron audazmente su voluntad. Lo que pudo
entonces decirse por los absolutistas ha quedado escrito por uno
de ellos, el abogado paraguayo don Manuel Antonio Talavera, en
el minucioso diario que llevó de esos acontecimientos. Allí consigna
estas reflexiones, que son un trasunto fiel de la filosofía política
dieciochesca contra la cual combatían los juntistas: "Siendo la suprema potestad de los reyes descendiente inmediatamente de Dios,
como que por El reinan y establecen sus justas leyes, no está en

[89] Manuel Antonio Tocornal: "Memoria sobre el primer gobierno nacional", en "Historia general de la República de Chile desde su independencia
hasta nuestros días", tomo I, págs. 204-206, Santiago, 1866.

arbitrio del pueblo, ni resistirlas ni oponerse a su cumplimiento:
de aquí ni variarlas ni interpretarlas, ni modificarlas a su voluntad. La obediencia para la observancia de la ley nace de la exce-
lencia de la autoridad que manda y de la natural subordinación
del súbdito que le debe obedecer. La aceptación del pueblo no es
necesaria, porque aquél domina a la potestad, sino que la misma
potestad del príncipe es la que por todo derecho le predomina.
Si esto es así, como es innegable, ¿cómo pudo ser que la capital
de Chile, aun en el caso de ser congregada legítimamente, pudiera
reunirse al establecimiento de un gobierno que contradice nuestras
leyes? ..." [90].

La Junta de Gobierno generada a raíz del Cabildo abierto del
18 de septiembre y que tuvo por Presidente al mismo Gobernador
interino, Conde de la Conquista, vino a consagrar el triunfo y el
renacimiento de la doctrina tradicional de la participación del pueblo en la génesis del poder, frente a la postura absolutista de raíz
francesa imperante desde hacía un siglo; e igualmente significó el
afianzamiento de la antigua concepción patrimonial de la monarquía sobre la idea unitaria y nacional que sostuvieron los Borbones
y procuraron mantener la Junta Central y el Consejo de Regencia.
Todos los argumentos jurídicos invocados por Infante quedaron
consignados en el acta de la solemne asamblea como un testimonio
de los derechos que asistían al pueblo de Chile para dar este importante paso, a igual que los de España, con el fin de guardar los
dominios al legítimo Rey Fernando [91].

[90] Manuel Antonio Talavera: "Revoluciones de Chile. Discurso histórico,
diario imparcial de las sucesos memorables acaecidos en Santiago de Chile",
pág. 89, Santiago, 1937.
[91] El texto del acta del 18 de septiembre, cuyo original se ha extraviado,
lo incluye Melchor Martínez en su "Memoria histórica sobre la revolución
de Chile desde el cautiverio de Fernando VII hasta 1814", pág. 249, Valparaíso, 1848. Una transcripción se halla en las Actas del Cabildo de
Santiago, "Colección de Historiadores de Chile y de documentos relativos
a la historia nacional", tomo XXXIX.

4. *LA "REPUBLICA" DEFINE SUS DERECHOS*

Al instituir la Junta de Gobierno en representación del monarca cautivo, el Cabildo de Santiago estimó que no abdicaba la plenitud de los derechos que entendía pertenecerle en su carácter de órgano jurídico de la "república" o comunidad. De igual manera que antaño los reyes, al recibir el poder, quedaban sujetos a las prescripciones de las leyes divinas y humanas, el Cabildo consideraba que la Junta debía actuar dentro de "las limitaciones que en el día de su instalación le puso el pueblo" y subordinarse asimismo a aquellas prácticas que en los primeros tiempos de la colonización habían acatado los gobernadores y que con el derrumbe del absolutismo volvían ahora a cobrar vigencia. La Junta, por su parte, se mostraba reacia a acatar la supremacía y el control del Ayuntamiento, y olvidando muy pronto sus orígenes, quiso proceder con entera independencia. El establecimiento de nuevos impuestos, la creación de un batallón y el despacho de tropas de auxilio a Buenos Aires, acordados por la Junta sin la consulta previa del Cabildo, fueron, entre otros, hechos suficientes para generar una contienda de competencia entre ambas autoridades. Los detalles de la misma desbordan los límites propios de este estudio y pertenecen a la historia general. Aquí corresponde sólo retener la esencia del planteamiento doctrinario que entonces hizo el Cabildo y advertir que él importa un cabal enlace entre el ideario político tradicional y las viejas normas del derecho consuetudinario, nuevamente actualizado.

"Cuando los pueblos —advierte el Ayuntamiento por boca de su Procurador— abdicaron toda su autoridad en el soberano, reservaron ciertos puntos en qué afianzar su seguridad y la conservación de sus derechos, estableciendo los Cabildos, a quienes confiaron todo su poder para que representasen a su nombre. ¿Y sobre

qué versan estos puntos? Nadie ignora que sobre cuanto mira
al bien de la república, que es lo que deben promover, haciéndose
responsables al pueblo de todo lo que por omisión o debilidad no
practicaren; y al efecto del mejor acierto de sus deliberaciones,
han dispuesto las leyes que en los negocios de mucha gravedad
o importancia puedan citarse a los Cabildos los vecinos de mayor
representación para con ellos conferenciarlos y acordarlos, asegu-
rándose por este medio el más acertado régimen de los pueblos.
Otras muchas facultades se les han concedido; mas, con el designio
de llevar adelante el despotismo, ha habido siempre un constante
empeño en suprimírselas, por cuya causa se hallan tan desautori-
zados, con perjuicio de los pueblos por quienes representan; sin
embargo, como el no uso no sea bastante a derogar las leyes, según
lo previene una de Castilla, deben reasumir y poner en ejercicio
sus derechos, con mucha más razón exigiéndolo así el crítico actual
estado de las cosas".

Concretándose al caso de la institución de nuevos impuestos, el
Cabildo recuerda que al crearse la Junta se convino en que ésta
no podría decretarlos sin su previo consentimiento, y que aunque
no se hubiera expresamente contemplado esta limitación y la Junta tuviese la misma autoridad que el Rey, tampoco habría podido
obrar por sí sola, puesto que el monarca para imponer contribu-
ciones necesitaba del acuerdo de los procuradores del reino. El texto de la ley primera, título séptimo, libro sexto de Castilla, que cita
en seguida, así lo dispone: "Los reyes nuestros progenitores esta-
blecieron por leyes y ordenanzas fechos en Cortes que no se echa-
sen ni repartiesen ningunos pechos, servicios, pedidos ni monedas,
ni otros tributos nuevos, especial ni generalmente, en todos nuestros reinos, sin que primeramente sean llamados a Cortes los procuradores de todas las ciudades y villas de nuestros reinos y sean
otorgados por los dichos procuradores que a las Cortes vinieren".

Y saliendo al encuentro de la objeción inevitable, el Cabildo añade: "Bien es que podrán aducirse mil ejemplos que comprueban que el monarca español imponía por sí solo tributos a sus pueblos, pero en esto hacía lo que no debía, a influjo de sus malos ministros. El fruto de la transgresión de éstas y otras leyes constitucionales y las más sagradas, ya se ha visto en la total subversión que ha padecido esta desgraciada nación".

El propósito de afianzar y robustecer sus derechos políticos se muestra vivo en estas afirmaciones del Cabildo, como también en las que a éste hace su Procurador Infante, incitándolo a no permitir que la Junta envíe auxilio militar a Buenos Aires sin su previo consentimiento: "Si en aquel tiempo —son sus palabras— en que estaban tan coartadas las facultades de los Cabildos, era necesario en estos casos y facciones (como se expresa la ley) el acuerdo y parecer del Cabildo y Consejo de guerra, ¿cuánto más ahora que se hallan más autorizados y que las circunstancias les obligan a estar muy a la mira sobre la seguridad pública? La mayor autoridad de VS. —concluye el Procurador— es innegable, porque si la tiene el pueblo, como que ha reasumido en toda su integridad sus sagrados derechos, la tiene también VS. como su representante a quien toca promover y sostener esos mismos derechos" [92].

Se nos excusará la reiterada transcripción documental en gracia de su importancia, puesto que entraña la mejor definición de los derechos de la "república" brotada por entonces en Chile de fuente oficial. Aquí, como en el acta del 18 de septiembre, la línea doctrinaria arranca de una sola fuente: la tradición jurídico-filosófica española. Su entronque con la vida política americana del siglo de la conquista resulta evidente. Y es que a lo largo del tiempo

[92] Los detalles de esta polémica se encuentran en las Actas del Cabildo de 6 de noviembre de 1810 y 1º de marzo de 1811, "Colección de Historiadores de Chile y de documentos relativos a la historia nacional", tomo XXXIX, págs. 72-79 y 129-132.

un ideario y una actitud políticos se habían ido definiendo en lo hondo del alma de la raza, sin que los esfuerzos del absolutismo de importación borbónica por desarraigarlos tuvieran más resultado que lograr su momentáneo adormecimiento. No hacía falta, pues, que se buscaran fuera del acervo del mundo hispánico los conceptos de libertad, limitación del poder real y participación del pueblo en la vida política. Lo que correspondía era actualizar los propios, adaptarlos a las nuevas circunstancias y eso se hizo en Chile a lo largo del año 10 sin mayor dificultad.

5. *LOS CHILENOS EN LAS CORTES DE CADIZ*

Mientras transcurrían estos sucesos, en la península el Consejo de Regencia apuraba la convocatoria a las Cortes, y como el momento urgía y no daba margen a aguardar la llegada de los representantes de Indias, se dispuso que se hiciera por una comisión el nombramiento de diputados suplentes de las provincias de ultramar entre los numerosos americanos que por entonces residían en Cádiz. Fue así como llevaron la voz del reino de Chile a estas únicas Cortes generales de la monarquía, el abogado don Joaquín Fernández de Leiva y el comerciante don Miguel Riesco.

Reiterando la doctrina sostenida por la Junta Central, la Regencia dictó el 15 de octubre de 1810 un decreto por el que se declaraba "que la dominación española en ambos hemisferios forma una sola y misma monarquía, una misma y sola nación y una sola familia, y que por lo mismo, los naturales que sean originarios de dichos dominios europeos o ultramarinos son iguales en derecho a los de esta península". Este decreto dio pie a los diputados americanos para exigir que en las Cortes se concediera a las provincias del Nuevo Mundo una representación equivalente a la de los territorios de la península, desencadenando así un debate que sirvió a los indianos para medir el grado de sinceridad envuelta en las generosas declaraciones igualitarias de los europeos. La apasionada polémica se mantuvo por varias sesiones y en ellas ambos diputados de Chile sostuvieron con dignidad e inteligencia el punto de vista de los criollos.

Fernández de Leiva hace presente que, al declararse las Américas parte integrante de la monarquía, "se proclamó de nuevo una calidad reconocida desde que fueron descubiertas y habitadas por los españoles y obedecida en aquellos países la autoridad de los Reyes Católicos". Afirmada esta igualdad de derechos, fluye como consecuencia lógica el que se les conceda la igualdad de representación. Las razones que se han dado para rehusarla las estima él inconducentes y no resisten a su crítica.

Algunos, por ejemplo, han sostenido que en ciertas "provincias ultramarinas se experimentan novedades y síntomas de desunión de la justa causa" y que "convendría esperar el restablecimiento del orden para tomar providencia sobre su representación". Contra ellos se encara Fernández de Leiva protestando de la lealtad con que los americanos han sostenido los derechos del Rey cautivo. "Reconocieron —dice— las provincias americanas y asiáticas la Junta de Sevilla, cuya autoridad no era soberana, ni tenía otro apoyo que la voluntad libre de los que la siguieron. Reconocieron a la Junta Central y la auxiliaron generosamente. Pero habiendo llegado a América la noticia de la ocupación de Andalucía, con otras adiciones que la malignidad inventó para esparcir que la España era ya francesa, y que se exponía la América a ser igualmente víctima de la tiranía, deben atribuirse en gran parte dichas novedades a este miedo, a este recelo..." Sin duda, en su concepto, el mayor mal provino de la dilación con que se convocó a las Cortes, lo que produjo escepticismo en América frente a tanta promesa de reforma no cumplida. Cree, por eso, que sancionado el principio de igualdad de derechos de los naturales de ambos hemisferios, sin limitación alguna, volverá la confianza a los americanos y se afianzará su inquebrantable fidelidad al Rey. Y encarándose, en seguida, el orador con la afirmación de cierto diputado de que no cabía aplicar en los dominios ultramarinos el estatuto general de la península por ser aquéllos tierra de conquista, respondió enérgico: "Los españoles nacidos en América y Asia, han contribuido como sus padres al engrandecimiento del Estado. La buena tierra en que han nacido no destruye su origen. Se conquistaron, mal he dicho, se libertaron varias provincias de la península del yugo árabe por la energía de las armas castellanas. Las tierras que pisamos fueron habitadas por musulmanes y desde su agregación a la corona de Castilla han integrado el reino, han gozado de la igualdad de derechos y no han sufrido ni debido sufrir degradación en el sistema social de los españoles nacidos en ellas. Pero, ¿dónde voy? —concluía—. Es preciso embotar la razón para pretender diferencia entre los españoles que nacen en la península, en la América o en el Asia".

Más breve, pero acaso más categórico aún, fue el otro diputado chileno, don Miguel Riesco, en la defensa de la representación paritaria de los americanos. "El decreto de 15 de octubre que les declara iguales en derecho —dijo— es el que piden con esta proposición se lleve a efecto, pues que tan lejos estuvieron de contentarse con simples palabras, que ya no contentan a nadie, que muchas personas, aun fuera del reino, han creído que el dicho decreto les ponía en el goce que hoy solicitan y que con tanto dolor ven contrariar. Señor, terminaba patéticamente, VM. eche una ojeada sobre esa América, tan digna de formar una sola familia con la España, como necesaria para su conservación, y apresúrese por medio de ésta y otras medidas a cortar los males que a todos nos amenazan y que de otro modo tal vez serán irremediables. Así lo suplico por el bien de España, de quien desciendo, de la América en que nací y del juramento que tengo prestado de salvar la nación" [93].

Ni éstas ni otras palabras lograron persuadir a la mayoría europea de las Cortes. En sesión del 18 de enero de 1811, el pedido de los diputados de Indias fue desechado, acentuando el resentimiento de los criollos y su desesperanza de que pudiera partir de la Madre Patria un sincero propósito de reforma. La ceguera y el orgullo de los peninsulares y su total incomprensión de los problemas ultramarinos, activaron así cada vez más el fuego de la revolución americana y contribuyeron a desplazarla poco a poco del terreno constitucional al campo separatista.

[93] Los discursos de Fernández de Leiva y de Riesco figuran en el tomo II del "Diario de las discusiones y actas de las Cortes", Cádiz, 1811. Sobre el mismo tema, véase Enrique Matta Vial: "El diputado de Chile en las Cortes de Cádiz, don Joaquín Fernández de Leiva", en "Revista chilena de Historia y Geografía", N.os 37 y 38.

VI. DE LA REVOLUCION CONSTITUCIONAL A LA REVOLUCION SEPARATISTA

1. *EL PRIMER CONGRESO NACIONAL*

En el acta del 18 de septiembre se había dispuesto que la Junta duraría en sus funciones hasta la convocatoria de un Congreso de representantes de todo el país, que resolvería sobre el gobierno más adecuado para el reino. Consciente de la importancia de este hecho, el Cabildo de Santiago se propuso activar la pronta reunión de diputados para constituir así la autoridad definitiva. La presentación que al respecto elevó el Procurador Infante y que el Ayuntamiento hizo suya, transcribiéndola a la Junta por acuerdo del 14 de diciembre de 1810, reitera los principios de la escuela política tradicional: "Es constante —se dice en una de sus partes— que, devuelto a los pueblos el derecho de soberanía por la muerte civil del monarca, deben éstos, usando del arbitrio generalmente recibido, elegir sus representantes para que, unidos en un congreso general, determinen la clase de gobierno que haya de regir mientras el soberano se restituya al trono y reasuma por un derecho de postliminio su autoridad soberana".

La noticia de la convocatoria de este cuerpo repersentativo llenó de honda inquietud al sector absolutista, que iba comprobando día a día la pérdida de su influjo. La rapidez de los acontecimientos no le daba tiempo para gastarlo en polémicas verbales, cuya ineficacia estaba ya, por otra parte, comprobada. Tan sólo el uso de la fuerza podía detener el giro vertiginoso de los hechos y reajustarlos a su primitivo cauce. Así lo comprendió la Audiencia, que aglutinaba a los burócratas y dirigía la oposición a las miras del Cabildo. Buscó una espada en que apoyar sus propósitos y la encontró en el Teniente Coronel don Tomás de Figueroa. El 1º de abril de 1811, día fijado para elegir los diputados de la capital, se alzaba éste contra la Junta, pero pagaba esa misma noche en el cadalso su temeridad. El bando con que en seguida el Gobierno dio cuenta oficial de los sucesos ocurridos, reiteraba los acostumbrados argumentos para probar su legitimidad y añadía la reprobación jurídica a la que por las armas habían ya cosechado los fautores del golpe. "No hay sobre la tierra —eran sus términos— una autoridad que se apoye en más legales y sólidos fundamentos que la Junta provisional. Nosotros hemos jurado un príncipe que desde su cautiverio no puede gobernar la nación. Desde aquel desdichado momento volvieron a los pueblos los poderes que ellos habían transmitido a su Rey y que en su ausencia sólo ellos podían administrar: de esta fuente de la soberanía emanaron las Juntas provinciales de España, cesando la autoridad de los gobernadores que había colocado la Corte; del mismo principio fue derivada la reunión de la Majestad en la Junta Central, que por su disolución se restituyó segunda vez al pueblo. Y ¿acaso los de Chile no han gozado de los mismos derechos para imitar a la península? ¿Acaso no los tienen para congregarse y elegir como ella sus representantes que fijen su suerte dudosa en la terrible crisis de la monarquía? ¿Se han violado hasta ahora las leyes fundamentales que nos rigen? ¿Por qué no ha de escucharse la voz libre y la voluntad general de nuestros pueblos para que decidan y señalen el punto céntrico de la Majestad nacional por medio de una constitución vigorosa que cautele las convulsiones a que nos expone la incertidumbre de la existencia del Rey? ¿No hemos jurado conservarle estos dominios a costa de nuestra sangre?" [94].

El motín de Figueroa ensanchó aún más el abismo existente entre constitucionalistas y absolutistas, y si por ahora no alteró la

[94] "Documentos de la primera Junta de Gobierno de 1810", publicados por Fernando Márquez de la Plata, "Boletín de la Academia chilena de la Historia", N° 11, 1938.

fidelidad de los primeros al Rey, fue preparando el campo al desarrollo de tendencias más extremas entre los mismos.

Muy precipitados andan los que, desconociendo el proceso evolutivo que experimentó en el curso de los años el ideal revolucionario y juzgando los comienzos del mismo por sus consecuencias finales, pretenden transformar las públicas manifestaciones de obediencia al monarca de los miembros de la Junta y del Congreso, en mera fraseología hipócrita, ocultadora de un resuelto propósito de independencia. Las arraigadas convicciones religiosas de la sociedad chilena de entonces, no dejan sitio a la hipótesis de que sus miembros más representativos se hubieran atrevido a invocar el nombre de Dios en un juramento falso. Por el contrario, el carácter sagrado de este testimonio era suficiente a su juicio para ponerlos a cubierto de toda duda de infidelidad al soberano y sellar así la boca de los absolutistas murmuradores. De ahí que al inaugurarse el Congreso, el diputado más anciano, don Juan Antonio Ovalle, encarándose con los que se empeñaban en presentar como un todo inseparable el acatamiento al Rey y la subordinación al régimen absolutista, sostuviese que la convocatoria a esta asamblea importaba usar del derecho natural que le asiste a todo pueblo de velar por su conservación y en manera alguna entrañaba un debilitamiento de los derechos de Fernando VII, e invocase en su favor el juramento solemne y religioso de obediencia que al mismo habían hecho todos los diputados. "Así lo hemos prometido a Dios omnipotente, sabio, justo por esencia; al que ve nuestros pensamientos; al que penetra nuestras intenciones", concluía Ovalle. La invocación resulta demasiado seria en los labios de un hombre creyente para poner en duda su sinceridad.

Sin embargo, es indudable que tras la máscara de la adhesión al monarca, uno que otro separatista convencido ocultaba sus verdaderos sentimientos. Pero, como lo hemos dicho varias veces, su número era insignificante. Entre ellos, don Bernardo O'Higgins, el fervoroso discípulo del revolucionario don Francisco de Miranda, comenzaba recién a salir de su anónima vida de agricultor provinciano y adquirir influencias y contactos como diputado del Congreso Nacional. Martínez de Rozas, su maduro amigo, mucho más relacionado y prestigioso, si bien actúa con destaque en el período que va desde la instalación de la Junta a la apertura del Congreso, lo hace con no escasa circunspección y hasta timidez, a juzgar por los testimonios que de entonces nos conservan Mackenna y O'Higgins. La resistencia que opone a los deseos del último de que active en la Junta la convocatoria a un Congreso nacional, y las muestras físicas de pánico que da ante el otro, cuando recibe la noticia del inminente golpe militar de Figueroa, reducen mucho la aureola de caudillo con que le han presentado los historiadores del siglo XIX [95]. Removido del cargo de Asesor letrado de la Intendencia de Concepción, Rozas tenía motivos para guardar resentimiento a la administración española, pero conocía demasiado su poder y arraigo para no temerla. Hombre más diestro en la intriga pequeña y en el juego abogadil que en las grandes acciones de la política, carecía a la altura de sus años de la vehemencia y de la audacia juveniles que habrían sido necesarias para encabezar una revolución separatista, revolución que la fidelidad general de los criollos al Rey cautivo parecía condenar de antemano a un fracaso, no ausente, por cierto, de graves riesgos personales. Una empresa semejante estaba reservada a espíritus de mayor temple.

2. *LA IDEOLOGIA ROUSSONIANA Y EL MODELO NORTEAMERICANO*

Si durante el año 1810 el doctrinarismo dominante fue el de la

[95] Véase: "O'Higgins y Mackenna, íntimos. Dos cartas de 1811", en "Revista chilena de Historia y Geografía", Nº 20, 1915.

tradición jurídico-filosófica española, es indudable que a partir de sus últimos meses y sobre todo en el curso de 1811, la influencia del pensamiento de Rousseau comienza a pesar en el país. El cronista don Manuel Antonio Talavera narra que el 18 de diciembre de 1810 el agente de la Junta de Buenos Aires, don José Alvarez Jonte, en casa del Conde de la Conquista y en presencia de numerosos concurrentes, "trató de persuadirles que cada vecino tenía parte en sí mismo de la soberanía y que la reunión de todos formaban la Majestad; que aquella dosis de soberanía era el origen de los derechos imprescriptibles de los pueblos y, por lo mismo, inabdicables" [96]. Alvarez Jonte se hacía eco de la preocupación surgida en el Río de la Plata por el ideario del filósofo ginebrino, como que Mariano Moreno acababa de imprimir allí el *Contrato Social*, "para instrucción de los jóvenes americanos" en una edición expurgada de afirmaciones anticatólicas. Sabemos que ya en marzo del año siguiente circulaban en Santiago cuatrocientos ejemplares de la obra, lo que alarmó a algunos miembros del clero, entre ellos el canónigo don Manuel José de Vargas, que predicó en la catedral contra estas doctrinas [97].

Pero sin duda el difusor más eficaz del pensamiento de Rousseau en Chile fue ese magro y cetrino fraile de la Buena Muerte, Camilo Henríquez, consumido por el fuego del ideal revolucionario, a quien las lecturas de la filosofía iluminista había arrastrado a serios conflictos con la Inquisición limeña. Ya de regreso a Chile, su tierra natal, a comienzos de 1811, asombraría a sus habitantes con los osados acentos de una proclama encaminada a empujar hacia metas más radicales los pasos de la revolución. Es el hombre que rompe por entero con el pasado y que no se empeña en buscar

[96] Talavera: "Revoluciones", cit., pág. 165.
[97] Ricardo Levene: "El mundo de las ideas y la revolución hispanoamericana", págs. 192-206, Santiago, 1956; Martinez: Memoria cit., pág. 89; Talavera: "Revoluciones", cit., pág. 251.

en él, como los magnates del Cabildo, doctrinas actualizables. Su pluma es la del agitador de nuevo cuño que se guía por los maestros de la "ilustración". Montesquieu, Raynal, Rousseau, son sus númenes. Por algo en los siglos de opresión, cuando todo yacía bajo las cadenas del despotismo, "sólo los filósofos se atrevieron a advertir a los hombres que tenían derechos y que únicamente podían ser mandados en virtud y bajo las condiciones fundamentales de un pacto social". Sólo ellos, acostumbrados a la contemplación, pueden apartar dentro de la sociedad lo bueno de lo malo, señalar la línea de los regímenes políticos y predecir a tiempo su ruina y descomposición. ¡Qué distinta sería la suerte de la humanidad si a tiempo escuchasen sus consejos, si se enterasen así de los derechos de los hombres y comprendieran "la necesidad de separar los tres poderes: Legislativo, Gubernativo y Judicial!" Sí, esa libertad que es principio de toda felicidad, "manantial de virtudes sociales, de industria, de fuerza, de riqueza", que antaño elevó a gran poder a Grecia, a Venecia, a Holanda y que hoy día, en medio del despotismo dominante, brilla en los Estados Unidos de la América del Norte. "Esta nación grande y admirable, existe para el ejemplo y consolación de todos los pueblos. No es forzoso ser esclavo pues vive libre una gran nación". A participar de su suerte está llamado Chile, que después de haber sufrido el yugo opresor de la monarquía despótica, debe inclinarse ahora ante los que pretenden heredar "el poder que la imprudencia, la incapacidad y los desórdenes arrancaron de la débil mano de la casa de Borbón". Pero la naturaleza no hizo a los chilenos esclavos sino libres, y nadie tiene derecho a mandarlos contra su voluntad. Sólo "en fuerza de un pacto libre, espontánea y voluntariamente celebrado, puede otro hombre ejercer una autoridad justa, legítima y razonable". Por otra parte, la geografía conspira resuelta contra la artificiosa y forzada unidad de la llamada monarquía española.

Separado como se halla Chile de la metrópoli por desiertos, cumbres altísimas y anchos mares, ¿no es un absurdo ir a buscar un gobierno arbitrario al otro lado del globo? Está escrito en el libro del destino que Chile ha de ser un pueblo libre, venturosamente regido por sabias leyes, y que ocupará "un lugar ilustre en la historia del mundo". Un día llegará en que será posible hablar de "la República, la Potencia de Chile, la Majestad del pueblo chileno" [98].

Sin mostrarse ajeno al pensamiento de Rousseau, pero a la vez conservando el vínculo esencial con la corona, don Manuel de Salas, que asocia en su larga vida la época que muere con el tiempo que adviene, se sitúa en una línea ecléctica dentro del sector revolucionario. Como los liberales de España, que son su modelo, sigue fiel al Rey, pero defiende a la vez en Chile el régimen representativo de gobierno. En una presentación elevada al Congreso el 27 de julio de 1811, tiene ocasión de explayar sus puntos de vista. "Advertirá V. A. —dice a este cuerpo— tendencia general y uniforme, no sólo en las provincias limítrofes, sino en las de la península, hacia un gobierno popular representativo, únicamente capaz de restituir sus derechos al hombre, solo oportuno para conservar los del adorado Fernando y de precaver estos dominios de las insidias de los enemigos de la religión, del Rey y de la patria." En el "gran libro de la razón y de la naturaleza" está escrito que en la edad de oro cada padre fue gobernador de su familia y que cuando éstas se reunían las presidían los ancianos. "La desgracia ha interrumpido nuestras relaciones con el soberano y debemos por ahora considerarnos en el estado primitivo. En él cada jefe de familia es su gobernador natural; de cada aldea o conjunto de familias es el magistrado o alcalde elegido por los podatarios

[98] La proclama de Henríquez, que circuló firmada con el anagrama de Quirino Lemáchez, se incluye en el "Diario" de Talavera, págs. 172-179, y en la "Memoria" de Martínez, págs. 314 y siguientes.

del pueblo; en cada partido debe serlo el que designen los habitantes de las ciudades o villas... La facultad de gobernar es y debe ser el resultado de la voluntad de los que depositen en otro una parte de su libertad y fortuna para que con seguridad les conserve las demás, y aquél o aquellos en que se depone la suprema autoridad, la reciben del complejo o extracto de las voluntades de todos". Tales han sido los principios sobre los cuales ha descansado el gobierno representativo de países como Holanda y Suiza, "o con la perfección que ha merecido el aplauso universal en los Estados Unidos de América". Estos ejemplos han de tenerse a la vista al constituir en Chile el Poder Ejecutivo, que ha de representar por iguales partes a las tres provincias del reino [99].

Muy significativa es la coincidente alusión, que Salas y Henríquez hacen de los Estados Unidos como modelo de libertades políticas. Y es que la activa presencia en los mares de Chile de balleneros norteamericanos había permitido una subrepticia propaganda de intención revolucionaria. En esta tarea merece recordarse a Procopio Pollock, médico norteamericano, que en 1807 fue apresado con los demás tripulantes del barco contrabandista "Warren" y que trabó estrecha amistad con Martínez de Rozas. García Carrasco lo hizo salir de Chile por esparcir ideas favorables al sistema republicano; pero desde Buenos Aires mantuvo correspondencia con varios chilenos y sus mensajes, conocidos por las "Gacetas de Procopio", que contenían extractos de periódicos ingleses sobre el desastroso giro de la guerra de España, ayudaron a convencer a los criollos de la total pérdida de la metrópoli [100].

3. CARRERA Y LA "AURORA DE CHILE"

Muy pronto el poder de una espada sin temores vendría a prestar

[99] Archivo Nacional de Santiago: Fondo Varios, vol. 812, pág. 4.
[100] Jaime Eyzaguirre: "Las Gacetas de Procopio", en "Revista Chilena", mayo-junio de 1930, N.ᵒˢ 121-122, págs. 499-501.

su apoyo a los ímpetus doctrinarios del fraile agitador. El regreso a Chile de don José Miguel Carrera, después de una lucida actuación en la guerra de la península, iba a sacar el cetro directivo de la política de manos del Cabildo y el Congreso para trasladarlo a los cuarteles y a la agitación callejera. Joven, apuesto y arrogante, traía encandilada el alma con el ejemplo de Napoleón, el aventurero corso que paró en amo de Europa. Aristócrata de sangre, había nacido para mandar y no para obedecer. ¿Quién podría ser capaz de poner freno a sus caprichos y arrebatar el vuelo a su ambición? El ataque francés —lo sabía él mejor que nadie— tenía postrada y agónica a la metrópoli. La hora aguardada por los criollos afiliados a las logias secretas había sonado y era preciso actuar sin demora si se quería hacer eficaz la coyuntura para los pueblos de América. Ahí estaba Chile, como fruto maduro, esperando la mano resuelta que le desgajara del tronco mortecino.

Por sucesivos golpes de Estado, Carrera elimina la influencia política de los grupos criollos que aspiraban sólo a una reforma constitucional, sin detrimento de la lealtad al Rey, y barre asimismo del gobierno el ramificado clan de los Larraínes que, aunque orientados hacia el separatismo, rivaliza con su familia en la posesión del mando. La doctrina que sirve para cubrir el fondo de estas asonadas, es siempre la tradicional, aunque desarrollada ya hacia extremos más radicales. El Cabildo de 1810 no se había atrevido a desconocer al Consejo de Regencia y si bien se abstuvo de hacerle juramento especial, declaró que aceptaba su jurisdicción. Carrera, en el manifiesto que lanza el 4 de septiembre de 1811 para justificar la forzada clausura del Congreso, no vacila en denegar a esa autoridad todo derecho de mandar en Chile. "Es constante —dice— que, separado el trono, el Rey cautivo, los pueblos de la monarquía española reasumieron exclusivamente la posesión de la soberanía que le habían depositado; e instalada la

Regencia del interregno y sus Cortes generales extraordinarias de un modo ilegal, ellas no tuvieron autoridad bastante para extenderse sobre los dominios de ultramar. Chile, por eso, suspende su reconocimiento y deferencia ciega para después de salvar este vicio, sin dividir la unidad del cetro a que se sometieron sus abuelos". "He aquí el fundamento incontestable —añade más adelante— de establecer Juntas y suspender el sistema pasivo de recibir órdenes que tomó ejemplo en la misma península" [101].

Estos mismos principios los consagra poco después Carrera en el Reglamento Constitucional de 1812, en el que, junto con reconocer a Fernando como Rey, se niega todo valor a las órdenes emanadas de cualquier autoridad radicada fuera del territorio de Chile.

La filosofía política oficial sigue siendo la misma. Ella sólo ha dado un paso adelante en su aplicación, manteniéndose en la perfecta ortodoxia. La obediencia al cautivo Fernando y el simultáneo repudio a los que en su nombre pretendían extender su mando a Chile sin el consentimiento libre y espontáneo de su pueblo, cabían sin violencia en el marco de la vieja dogmática jurídica. Era innecesario, después de todo, eludir el pensamiento tradicional para desembocar en el separatismo, ya que no otra cosa significaba al fin sostener tal doctrina en momentos en que el triunfo de Napoleón en España parecía asegurado y nadie vislumbraba seriamente el posible retorno del Rey. Por otra parte, el sentimiento de independencia que anidaran algunos lealistas en 1810 como medio de salvar para el monarca las tierras de América en caso de perderse por completo la metrópoli, había ido tomando cada vez más conciencia con el giro fatal de los acontecimientos. Y a esto se añadía la reacción de muchos de los que la víspera agitaron limpiamente la bandera constitucional y que ahora, frente a la

[101] "Sesiones de los cuerpos legislativos de la República de Chile", tomo I, pág. 197, Santiago, 1887.

resistencia enconada de los burócratas beneficiarios del absolutismo y la actitud contradictoria de las autoridades metropolitanas,
acababan convenciéndose de la imposibilidad de obtener por esas
vías reforma alguna de importancia.

Así, por la brecha cavada por los acontecimientos y bajo el
signo del más impecable doctrinarismo oficial, pudo abrirse paso,
a lo largo de los años 12 y 13, la aspiración a una total independencia. Coadyuvando a estos propósitos está ahora la filosofía
francesa, sin influencia en los momentos iniciales del proceso revolucionario, pero que en esta segunda etapa se hace notar, como ya
lo advertimos, de manera efectiva. Su vocero ardoroso será el
fraile de la Buena Muerte desde las columnas de la *Aurora de
Chile,* el primer periódico nacional. De esta manera Carrera, el
hombre de acción, y Henríquez, el ideólogo, en los distintos frentes
del gobierno y de las letras, conspiraban unidos en el logro de una
meta común.

El contraste doctrinario entre 1810 y 1812 es grande. Mientras
el escondido redactor del *Catecismo Político Cristiano* descubre
el derecho de los pueblos frente a los tiranos en la doctrina de los
santos y antiguos filósofos, Camilo Henríquez lo encuentra en el
iluminismo dieciochesco. La escolástica fue, en su concepto, un
odioso yugo impuesto a la razón, que precipitó a ésta a las más
obscuras tinieblas. De ellas salió librado el espíritu humano gracias
al estudio de las ciencias exactas, que vino a abrir paso al de la
política. "Desde entonces volvió a cultivarse la sublime ciencia de
hacer felices a las naciones. Desde entonces volvió a conocerse que
la fortuna de los Estados es inseparable de la de los pueblos y que
para hacer a los pueblos felices es preciso ilustrarlos". Hay que
ahondar en la ciencia política como medio de descubrir los derechos. "El genio no suple los conocimientos, que deben ser muy
raros en un pueblo que nace a la libertad. Así hablaba el ilustre

Condorcet el año de 1790, en París. ¿Cómo hubiera hablado en América?"

Siguiendo a Rousseau, Henríquez genera la autoridad del pacto social que determina las atribuciones del príncipe y los derechos del pueblo [102]. "La ignorancia de estos derechos conserva las cadenas de la servidumbre. Los pueblos han gemido bajo el peso del despotismo, mientras han estado bajo el imperio de la ignorancia y la barbarie". Este ha sido el caso de América, donde la distancia pudo salvarla en parte de los ecos de una corte depravada, para entregarla, en cambio, a la impune insolencia de los agentes administrativos. Pero ha llegado un momento crítico para este sistema oprobioso; la invasión francesa, como justicia de Dios, ha caído sobre España sumergiéndola en un mar de sangre y de angustia. Y "mientras los restos de una nación moribunda se esfuerzan por resistir al poder colosal de un imperio que está en la juventud de las potencias, pueden nuestras provincias hacerse naciones y ponerse en un pie formidable". No hay tiempo que perder. "La ilustración, la industria, el comercio sólo florecen bajo la dulce influencia de la libertad civil. Pero es un absurdo creer que exista en algún punto de la tierra la libertad civil sin la libertad nacional... La providencia vengadora nos ofrece la coyuntura más

[102] Al exponer sucintamente en los comienzos de nuestro trabajo la doctrina política de la escuela española, indicamos que en los mejores tratadistas de ella se distingue el contrato social que da nacimiento jurídico a la comunidad, del contrato propiamente político o de señorío que instituye la forma de gobierno y su titular. Como resume acertadamente Recasens Siches, "la innovación de Rousseau consistió en borrar de la doctrina contractual el pacto de señorío: la institución del gobierno no podía ser un pacto de sumisión fruto de un acto bilateral, sino una comisión, un mandato. Pero además, lo que separa radicalmente todas las doctrinas anteriores de la de Rousseau, es que para éste el contrato social no es un hecho real, ni siquiera moralmente necesario como fenómeno empírico, sino una *idea* reguladora, un patrón ideal de legitimación del Estado y su Derecho". Notas de Luis Recasens Siches a la "Filosofía del Derecho" de Giorgio del Vecchio, tomo II, pág. 92, Barcelona, 1930.

favorable; no puede ya volverse atrás sin ser el escarnio de todas las naciones, sin ser la indignación de la América por una vengonzosa apostasía" [103].

4. *EL SEPARATISMO SIN EMBOZO*

El Virrey del Perú y celoso guardián del absolutismo, don José Fernando de Abascal, que venía observando con creciente inquietud el proceso revolucionario de Chile —desde la organización de la primera Junta de 1810, el ajusticiamiento de Figueroa y la reunión del Congreso, hasta los audaces golpes de Carrera y el estímulo subversivo de *La Aurora*— no pudo resignarse a contemplar por más tiempo inactivo el grave curso que tomaban los hechos. En enero de 1813 envió a Chile al brigadier don Antonio Pareja con una plana de oficiales para organizar en las provincias de Chiloé y Valdivia un ejército que sometiera incondicionalmente al país a la autoridad de los representantes del Rey [104].

[103] El pensamiento político de Camilo Henríquez está desarrollado a lo largo de una serie de artículos de "La Aurora de Chile". Hemos procurado extraer de ellos los puntos más salientes y reproducir, en la medida de lo que permite una breve síntesis, algunas frases características del autor.

[104] Es frecuente explicar la emancipación nacional como un simple antagonismo entre chilenos y españoles, olvidando los factores de orden ideológico que a menudo llegaron a superar las rivalidades regionalistas. Conviene recordar que dos conceptos políticos opuestos, el absolutismo y el liberalismo, entraron en batalla y que en ella solieron alinearse chilenos en favor de la primera postura, como el abogado don José Antonio Rodríguez Aldea, auditor del ejército real y los coroneles Lantaño y Urrejola, que sitiaron a O'Higgins en Rancagua; y españoles en pro de la independencia, como el Consejero de Indias don Fernando Márquez de la Plata y el Coronel don Carlos Spano, que murió defendiendo Talca en 1813 para la causa de la patria. La polémica entre absolutistas y patriotas quebrantó a veces la unidad de algunos hogares, como el de los Toro y el de los Bulnes, que dieron ardorosos partidarios para uno y otro bando. No hay que olvidar, en fin, que la casi totalidad de las tropas que acompañaron a Pareja, Gainza y Osorio en sus campañas por el Rey, eran de ori-

No corresponde a la índole de este estudio particularizar las circunstancias militares de la misión de Pareja. Lo que nos interesa recoger de ella son las reacciones políticas que trajo consigo. Los chilenos, expuestos a perder el ejercicio libre de sus derechos, a que ya se hallaban habituados, se mostraron prontos a resistir hasta el fin la ofensiva armada del absolutismo. A lo largo de 1813 y parte de 1814, resultaría difícil distinguir, como tres o cuatro años antes, a los que en un principio fueron constitucionalistas leales al Rey, de los que siempre alimentaron propósitos de independencia. El rumbo de los hechos los había ido empujando a todos a este último camino. Hombres como don José Miguel Infante, don Agustín de Eyzaguirre y don Francisco Antonio Pérez, que en 1810 abogaban desde el Cabildo por los derechos de la comunidad dentro de un marco de obediencia al Rey, ahora, en 1813, como miembros de la Junta de Gobierno que sucede a la presidida por Carrera, se muestran francos y ardorosos partidarios del separatismo. Baste recordar que al hacerse cargo del poder, en abril de 1813, los decretos iban encabezados por: "El Rey, y en su cautiverio la Junta representativa de la soberanía en Chile", y que desde mayo se sustituyó este preámbulo por: "La Junta Gubernativa de Chile, representante de la soberanía nacional"; que el uso de una bandera propia, tanteado por el gobierno anterior, fue impuesto ahora con exclusión absoluta del pabellón español; que se comenzaron a extender cartas de ciudadanía a los españoles que juraron reconocer la soberanía del pueblo de Chile [105]; que

---

gen chileno, como también el más cruel y audaz guerrillero monarquista, Vicente Benavides.

[105] La fórmula del juramento para la concesión de dichas cartas era la siguiente: "¿Juráis a Dios Nuestro Señor y a Su Santa Cruz reconocer la soberanía nacional del pueblo de Chile, el cual en uso de sus derechos inalienables puede dictarse por sus propias leyes, sin obligación a obedecer otra autoridad que la constituída? ¿Reconocéis asimismo esta soberanía legítima y provisoriamente representada en la Junta de Gobierno? ¿Con-

se despachó a Europa a don Francisco Antonio Pinto en busca del apoyo inglés para la independencia; que se alentó ésta desembozadamente desde la prensa oficial, y que se preparó la convocatoria de un Congreso que debería dictar una constitución fundada en este principio.

El propagador apasionado del ideario separatista fue ahora don Antonio José de Irisarri en las columnas del *Semanario Republicano*. Después de hacer una larga requisitoria sobre la explotación de que eran objeto los americanos por los españoles, que pretendían subrogarse en los derechos de Fernando VII para seguir tiranizando, Irisarri escribía: "Quede Fernando en Francia, lisonjeando los caprichos de su padre adoptivo, o vuelva en hora buena a ocupar el trono bárbaro de los Borbones, nosotros debemos ser independientes si no queremos caer en una nueva esclavitud más afrentosa y cruel que la pasada... La conducta observada por el Gobierno español en la península y por sus mandatarios en América, nos demuestra muy bien que sólo nosotros somos los engañados con el hipócrita disfraz del Rey Fernando. Por eso nos tienen declarada la guerra y nos tratan con todo el rigor que siempre se ha acostumbrado tratar a los rebeldes, sin que por una sola vez se nos haya llamado con otro nombre que el de cabecillas o insurgentes... Entiendan todos que el único Rey que tenemos es el Pueblo soberano; que la única ley es la voluntad del Pueblo; que la única fuerza es la de la Patria".

Irisarri se pronuncia abiertamente por el régimen republicano de gobierno y se apoya para esto en las opiniones de Thomas Pai-

---

fesais bajo el propio juramento que ni las Cortes, ni la Regencia, ni los pueblos de España peninsular, ni otra extraña autoridad, tiene ni debe tener derecho a regir y gobernar el pueblo de Chile? En consecuencia, ¿juráis finalmente obedecer (en fuerza de una sincera adhesión), cumplir y ejecutar todas las órdenes y disposiciones que emanan de la Junta de Gobierno superior, coadyuvando y sosteniendo por todos los medios posibles el sistema político adoptado?" (Martínez: Memoria citada, pág. 184).

ne, destacado doctrinario del sistema político de los Estados Unidos [106]. De seguro Irisarri conoció la condensación de las obras de Paine publicada en castellano por el venezolano Manuel García de Sena el año 1811, en Filadelfia, con el título de: *La independencia de la Costa Firme justificada por Tomás Paine treinta años ha*, y que muy probablemente hizo circular en Chile el Cónsul norteamericano Joel Robert Poinssett, que ejerció influencia muy honda en don José Miguel Carrera y llegó a proponerle un proyecto de Constitución política.

Pero es a don Juan Egaña a quien toca con mejor derecho que a Irisarri el título de doctrinario de la revolución de 1813. Jurista, filósofo y literato, había recibido su primera formación en Lima y actuado, en seguida, como catedrático de la Universidad de San Felipe. Conocía bien la legislación castellana e indiana y los tratadistas clásicos españoles, pero su preferencia iba hacia los escritores de la "ilustración". En ellos bebió ideales de progreso y de reforma, y de sus páginas extrajo la concepción abstracta del hombre que le fue siempre muy cara y que se reflejó en sus escritos. Como en Salas, su apego a la literatura del racionalismo dieciochesco no horadó sus principios religiosos, que mantuvo firmes durante toda su vida. A igual que aquél, fue un ecléctico. Juntos sobresalieron en el salón literario de corte francés de la esposa del Gobernador Muñoz de Guzmán y desde la alborada de la revolución adoptaron ambos la postura reformista sin quebrantar la fidelidad al Rey. El Congreso de 1811 incluyó a Egaña en una comisión encargada de elaborar una carta constitucional que no llegó a nacer por la disolución que Carrera hizo de la asamblea. Pero Egaña continuó trabajando en su texto y asimismo en el de una *Declaración de los derechos del pueblo de Chile*, que tuvo

[106] Los números del "Semanario Republicano" con los artículos de Irisarri se han reproducido en el tomo XXIV de la "Colección de Historiadores y de Documentos relativos a la independencia de Chile".

ya concluída en 1812. Ambos trabajos fueron dados a las prensas en 1813, por orden de la Junta de Gobierno, con el indudable propósito de preparar en un próximo Congreso la redacción de una Constitución definitiva. Hay que advertir que la *Declaración* sufrió algunos cambios de importancia antes de ser publicada y que ellos constituyen un testimonio de la evolución experimentada por el pensamiento político en el año 1813.

En efecto, mientras en el texto primitivo de la *Declaración* se dice que Chile se reservará el ejercicio de sus relaciones exteriores hasta la reunión de un "Congreso general de la América española en unión con España", a quien transmitirá sus derechos, en la versión publicada en 1813 se omite el nombre de España. Asimismo, mientras la inicial redacción establece que: "Chile reconoce por su Rey constitucional y el más sagrado vínculo de la unión de la nación al señor don Fernando VII y los sucesores que llamare la Constitución General, libres e independientes", el texto de 1813 reduce considerablemente esta profesión de fe fidelista al estampar que: "Fernando VII o la persona física o moral que señalase el Congreso, serán reconocidos en Chile por jefes constitucionales de toda la nación", y al suprimir un artículo en que se aceptaba a las Cortes y al Gobierno provisorio de España. En fin, en la versión primera se prometía enviar socorro a la metrópoli en su lucha contra los franceses y reservar a ella un trato comercial más favorable, todo lo cual quedó eliminado en la publicación oficial [107].

[107] Publicamos por primera vez la versión de 1812 de la "Declaración de los derechos del pueblo de Chile" en nuestro opúsculo: "Fuentes para la Historia del Derecho chileno", pág. 44-49 (Santiago, 1952). Allí destacamos el error de algunos historiadores que supusieron que la Junta de 1813, llevada del propósito de buscar una transacción con el adversario, habría intercalado el artículo que reconocía a Fernando VII. El texto primitivo de la "Declaración", que ellos ignoraban, demuestra por el contrario, como ya lo hemos dicho, que el documento era en sus orígenes de inspira-

Junto con la *Declaración* el Gobierno imprimió, como ya lo dijimos, un proyecto de Constitución Política. Allí Egaña, siguiendo a Rousseau y a la Declaración francesa de los derechos del hombre, establece en su primer título que: "La Constitución reconoce que todos los hombres nacen iguales, libres e independientes; que aunque para vivir en sociedad sacrifican parte de su independencia natural y salvaje, pero ellos conservan y la sociedad protege su seguridad y prosperidad y la libertad e igualdad". La obra: *De los delitos y de las penas,* del marqués de Beccaria, que aboga por la dulcificación de estas últimas, y el libro de Cayetano Filangieri, *La ciencia de la legislación,* inspira a Egaña las normas referentes a las garantías individuales y al derecho de propiedad. La Constitución francesa del Consulado parece estar presente en su idea de una república dirigida por un Presidente y dos Cónsules. Y hasta la postergada tradición escolástica se advierte en su anhelo de un gobierno republicano, mixto de aristocracia y democracia, a la manera de Aristóteles, y en su repudio a la tolerancia religiosa absoluta, por estimar que ella lleva a la indiferencia. Aunque deja a salvo la libertad de conciencia de los disidentes, Egaña se muestra partidario de la fe única en la república y cree que un pueblo que se aleja de este fundamento espiritual cae en los mayores excesos. "Jamás, dice, estuvo más desorganizada la Francia que cuando se apartó a la religión de todos los principios políticos". A Egaña, como a Jovellanos en la metrópoli, la fe cristiana, de recio arraigo español, le impidió llegar en sus lucubraciones racionalistas hasta las últimas consecuencias.

---

ción constitucional fidelista, pero que al publicarse por el Gobierno en 1813 perdió ese carácter, dejándose apenas una leve mención a Fernando VII. Por otra parte, el proyecto constitucional que se dió a luz con la "Declaración" no deja dudas sobre los propósitos separatistas y republicanos del Gobierno de entonces.

5. *LAS ULTIMAS ETAPAS DEL PROCESO*

La lucha cruenta en que se habían embarcado los patriotas en 1813 no les iba a proporcionar, al menos por entonces, el triunfo que tanto ambicionaban. El continuo avance de las tropas del Virrey; la defensa inorgánica y desacertada, fruto de un comando revolucionario del todo improvisado; la miseria recogida como resultado del abandono de los trabajos agrícolas y tala de los campos, y de la total paralización del comercio; la convicción adquirida por algunos, a raíz de las actuaciones tumultuarias de Carrera y sus hermanos, de que los chilenos no podían gobernarse por sí mismos; la noticia, en fin, de la retirada napoleónica de España y de la vuelta al trono de Fernando VII, como asimismo del sofocamiento progresivo de los conatos revolucionarios en los diversos sitios de América, fueron llevando a los patriotas a la certidumbre de que su causa estaba en esos momentos perdida y que mantener la resistencia sólo significaba acrecentar los males de la guerra. Aun agitadores tan fervorosos del ideal separatista como Henríquez e Irisarri se mostraron dispuestos a ir a un arreglo con el enemigo y a secundar una transacción inteligente que salvase al menos algunos derechos vitales. La tesis constitucionalista de 1810 volvió al tapete y el Senado la enarboló con astucia en 1814 para justificar los pasos revolucionarios ya dados y la legitimidad de un posible acuerdo ventajoso con el adversario.

En la argumentación del alto cuerpo legislador no hubo una palabra demás: "Por la prisión de Fernando VII quedaron los pueblos sin Rey y en libertad de elegir un gobierno digno de su confianza, como lo hicieron las provincias españolas, avisando a las de ultramar que hiciesen lo mismo a su ejemplo. Chile, deseoso de conservarse para su legítimo Rey y huir de un gobierno que lo entregase a los franceses, eligió una Junta gubernativa compuesta de sujetos beneméritos. Esta fue aprobada por la Regencia de Cádiz, a quien se remitieron las actas de su instalación, siendo ella interina, mientras se formase un Congreso general de estas provincias que acordase y resolviese el plan de administración conveniente en las actuales circunstancias. Se reunió efectivamente el Congreso de sus diputados, quienes en su apertura juraron fidelidad a su Rey Fernando VII, mandando a su nombre cuantas órdenes y títulos se expidieron, sin que jamás intentasen ser independientes del Rey de España libre ni faltar al juramento de fidelidad". Sólo que a posteriori don José Miguel Carrera y sus hermanos, movidos por ambiciosos fines, atropellaron las instituciones, desplazando con violencia el curso de los hechos al campo separatista. "Sin duda aquella anarquía y pasos inconsiderados movieron el ánimo del Virrey de Lima a conducir a estos países la guerra desoladora, confundiéndose así los verdaderos derechos del pueblo con el desorden y la inconsideración. Atacado el pueblo indistintamente por esto, le fue preciso ponerse en defensa, y conociendo que la causa fundamental de la guerra eran aquellos opresores, empleó todos sus conatos en separarlos del mando, valiéndose de las mismas armas que empuñábamos para defendernos de la agresión exterior". El actual gobierno, encabezado por el Director Supremo don Francisco de la Lastra, se consideraba sucesor legítimo de la primera Junta y "se propone ahora restituir todas las cosas al estado y orden que tenían el 2 de diciembre de 1811, cuando se disolvió el Congreso".

Sobre este presupuesto doctrinario entraron los patriotas a negociar el tratado de Lircay con el jefe realista don Gabino Gaínza el 3 de mayo de 1814. En él se consagró la soberanía de Fernando VII, pero a la vez el derecho de Chile a conservar su propio gobierno "con todo su poder y facultades" y a enviar diputados a la península "como parte integrante de la monarquía española, para sancionar en las Cortes la Constitución que éstas han formado, después que las mismas Cortes oigan a sus representantes".

Bastante complejo se presenta el juicio de la opinión pública de entonces frente al tratado de Lircay. Que entre los patriotas no hubo unanimidad para apreciarlo, fácilmente se infiere de los contradictorios textos que ofrece la documentación de entonces. Es indudable que para algunos —como el pacífico ideólogo don Manuel de Salas, y acaso para el mismo O'Higgins, que llegó a ofrecerse de rehén para garantizar sus cláusulas— constituyó un paso acertado y de sincera reconciliación. Otros vieron en él sólo una tregua que permitiría a los patriotas rehacerse para continuar la lucha. En fin, para Carrera y sus amigos, entre ellos el escritor don Manuel José Gandarillas, significaba una necia e indigna defección a los ideales, puesto que después de la experiencia recogida nada podía esperarse de comprensivo y generoso de parte de España [108].

Y sin duda no anduvieron descaminados los sostenedores de esta última posición. El Virrey del Perú, que aspiraba al sometimiento incondicional de los chilenos y a retrotraer las cosas al estado en que se hallaban antes del 18 de septiembre de 1810, rechazó de plano las cláusulas del tratado y envió una nueva expedición militar al mando del brigadier don Mariano Osorio para imponer un dominio absoluto sobre la tierra. Las promesas de perdón y olvido con que entró a la ciudad de Santiago, después de haber vencido a los patriotas en Rancagua, bien pronto fueron echadas a un lado y sustituídas por una política de implacable y despótica represión, que alcanzó su punto culminante en el siguiente gobierno de don Francisco Casimiro Marcó del Pont.

Sin previo juicio y violando los más elementales derechos humanos, se arrancó sorpresivamente de sus hogares a un grupo nume-

[108] La más completa documentación sobre el tratado de Lircay y las polémicas de prensa que suscitó se encuentran recogida en el tomo II del "Archivo de don Bernardo O'Higgins" (Santiago, 1947).

roso de hombres respetables y se les condujo al presidio de Juan Fernández para hacerlos cargar con una existencia llena de sacrificios y privaciones. Una actitud tan despiadada no pudo sino exacerbar hasta el extremo el odio de los separatistas resueltos y matar de raíz la esperanza de reconciliación que los demás criollos albergaban resueltamente. Así, don Manuel de Salas, que tantas ilusiones puso en el tratado de Lircay, estampa en su diario de cautiverio que "se ha hecho una herida cruel a la causa de nación (española), a su honor y al del Soberano, haciendo odioso su nombre y despreciables a sus representantes" [109]. Y el ilustrado jurista y pensador don Juan Egaña dedica un libro entero a narrar los sufrimientos y humillaciones de él y sus compañeros en la inhóspita isla.

Sin duda que el trozo más interesante de la obra, desde el punto de vista ideológico, es el extenso memorial que allí se reproduce y que fue escrito con la mira de hacerlo llegar a manos del Rey. Este documento representa, no sólo el parecer político de su docto autor, sino el dominante en el resto de los desterrados, todos de singular relieve en los acontecimientos de la época y que se mostraron prontos a suscribirlo. Además cobra un sello especial de sinceridad por el hecho de haberse publicado sólo en 1826, cuando la independencia de Chile se encontraba ya asegurada y carecía de ventaja recordar que se tuvo en los años anteriores una posición ecléctica y no de resuelto separatismo.

Fundamentándose en los grandes escolásticos Francisco Suárez y Domingo de Soto y en el jurista indiano don Juan de Solórzano Pereira, como también en las normas del derecho vigente, defiende Egaña la tradicional doctrina de que: "La América española, por las leyes de Indias, es una parte integrante de la monarquía, pero independiente de toda sumisión a provincia alguna de España ni a

[109] Salas: "Escritos", tomo II, pág. 34.

todo su continente; unida únicamente a la nación por el vínculo del monarca y con iguales derechos locales y representativos que los reinos más privilegiados que se han reunido a la corona de V. M. Tiene su Consejo independiente del de Castilla y con iguales preeminencias que éste para instruir a V. M. de todas sus relaciones y derechos. Por sus leyes fundamentales son llamados sus naturales a todos los beneficios eclesiásticos de estos países y a los empleos de gobierno, justicia y administración".

Una vez establecido así que las Indias eran patrimonio de la corona y no de la nación española, Egaña explica con acertado criterio jurídico la actitud de América frente al derrumbe de la monarquía y a la incomprensión de los personeros del Rey legítimo. "En el acto que vuestro padre cedió la corona a un extranjero, los americanos por sus leyes fundamentales y por las de todo pacto social, tenían disuelto el vínculo de sumisión y unión a la nación, principalmente cuando vuestros pueblos de España, vuestra corte, vuestros consejeros y todas las grandes magistraturas habían reconocido y jurado la dinastía francesa. Pero en esta terrible época, un pueblo solo de América no se ha declarado independiente; y ha sido necesario verse atacado de vuestros mandatarios, e inundado de sangre por una serie de años, para tomar esta última y única medida que les quedaba en medio de tanta atrocidad y persecución" [110].

Este argumento de las vejaciones cometidas por los agentes peninsulares, unido al de la imposibilidad de esperar nada de un Rey que, luego de afianzarse en el trono, abolía la Constitución jurada, procurando así revivir el absolutismo, iban a ser desarrollados por Egaña, ya de regreso a la patria, en el borrador de un manifiesto declaratorio de la independencia de Chile donde se advierte el entronque de las anteriores premisas con los principios de la filo-

[110] Juan Egaña: "El chileno consolado en los presidios o filosofía de la religión" (Londres, 1826).

sofía tradicional. La afirmación allí estampada de que en vista de los motivos expuestos "ha resuelto el pueblo de Chile recuperar sus derechos naturales y con ellos su libertad e independencia", no es sino una aplicación de la doctrina escolástica que permite a la comunidad, como detentadora originaria del poder, reasumirlo cuando el titular se ha transformado en tirano [111].

De esta manera, mientras el Rey y sus representantes se aferraban a los últimos estertores de un absolutismo de extracción foránea, en pugna con las viejas esencias nacionales, los chilenos sabían conservar fidelidad a los principios de la filosofía política de la raza y recoger en ellos y en las normas consuetudinarias celosamente guardadas por los Cabildos, los mejores argumentos para apoyar sus amenazados derechos.

La metrópoli, ayuna de estadistas, había imposibilitado la subsistencia de la comunidad política hispanoamericana. Pero también España al través de un espíritu jurídico bruñido por los siglos y que supieron sistematizar con genio preclaros pensadores y legistas, había proporcionado el arma de resistencia a la tiranía y otorgado a las tierras de América, como el mejor distintivo filial, su arraigada conciencia de la libertad.

[111] "Manifiesto para declarar la independencia" (MS. en Fondo Varios, vol. I, folio 372, del Archivo Nacional de Santiago). Lo ha publicado Raúl Silva Castro: en "Juan Egaña, Escritos inéditos y dispersos" (Santiago, 1949), págs. 85-99.

BIBLIOGRAFIA

SIGLAS

AEA . . . . . . "Anuario de Estudios Americanos", Sevilla.

AHDE . . . . "Anuario de Historia del Derecho español", Madrid.

AN . . . . . . Archivo Nacional de Santiago de Chile.

AUCH . . . . . . "Anales de la Universidad de Chile".

BACH . . . . "Boletín de la Academia Chilena de la Historia".

BCH . . . . "El Bibliófilo Chileno", Santiago.

CHCH "Colección de Historiadores de Chile y de documentos relativos a . . . . la historia nacional".

CHDI "Colección de Historiadores y de Documentos relativos a la independencia de Chile".

EA. . . . . "Estudios Americanos", Sevilla.

MP. . . . ."El Mercurio Peruano", Lima.

RCHHG. . . . . "Revista Chilena de Historia y Geografía".

REP . . . . . "Revista de Estudios Políticos", Madrid.

RI . . . . "Revista de Indias", Madrid.

FUENTES DIRECTAS

a) *Inéditas*

1. ANÓNIMO: *Apología del régimen español en América, 1816*. (AN. Archivo Eyzaguirre, vol. 40, pieza 19.)

2. AVARIA, FRANCISCO ANTONIO DE: *Inventario de su biblioteca; Santiago de Chile, 1797*. (AN. Real Audiencia, vol. 2913.)

3. EYZAGUIRRE. MIGUEL DE: *Correspondencia*. (AN. Fondo Varios, vol. 254.)

4. GRAMUSSET, ANTONIO, y BERNEY, ANTONIO: *Proceso por conspiración, 1781-83*. (AN. Real Audiencia, vol. 1644, pieza 2ª.)

5. MEDINA, JOSÉ TORIBIO: *Colección de documentos inéditos* (copias), 1808-18, tomos 219-228. (Sala Medina, Biblioteca Nacional de Santiago de Chile).

6. MORÁN, CLEMENTE: *Proceso por ideas subversivas*. (AN. Archivo Judicial de La Serena, legajo 64.)

7. MORÁN, CLEMENTE: *Documentos sobre su conducta política*. (AN. Capitanía General, vol. 745 y 754; y Sala Medina de la Biblioteca Nacional de Santiago, Documentos Inéditos, tomos 213 y 333.)

8. ROJAS, JOSÉ ANTONIO DE: *Cartas sobre su conducta po-*

lítica entre el Gobernador don Ambrosio O'Higgins y el Ministro don José de Gálvez. (Documentos inéditos, tomo 199, N.os 4870 y 4873. Sala Medina de la Biblioteca Nacional de Santiago.)

9. ROJAS, JOSÉ ANTONIO DE: *Donativo para la guerra con Francia.* (AN. Capitanía General, vol. 837, folio 31.)

10. SALAS, MANUEL DE: *Presentación al Congreso Nacional sobre el régimen de Gobierno para Chile,* 27-VII-1811. (AN. Fondo Varios, vol. 812.)

11. *Tribunal del Consulado de Santiago de Chile. Memorias, 1797-1811.* (AN. Archivo del Tribunal del Consulado, vol. 24.)

b) *Impresas*

1. AMOR DE LA PATRIA, JOSÉ: *Catecismo Político Cristiano dispuesto para la instrucción de la juventud de los pueblos de América Meridional.* (CHDI, t. XVIII.)

2. ARGOMEDO, JOSÉ GREGORIO: *Diario de los sucesos ocurridos en Santiago desde el 10 hasta el 22 de septiembre de 1810.* (CUDI, t. XIX; Santiago, 1911.)

3. *Aurora de Chile, La.* Santiago. 1812.

4. BELGRANO, MANUEL: *Escritos económicos.* (Buenos Aires, 1954.)

5. *Cabildo de Santiago de Chile, Actas del.* (CHCH, t. I, XVII-XXI, XXIV-XXV, XXVIII, XXX-XLII, XLVI-XLVII.)

6. CARRERA, JOSÉ MIGUEL: *Diario militar.* (CHDI, t. I; Santiago, 1900.)

7. CARRERA, JOSÉ MIGUEL: *Documentos del diario de.* (CHDI, t. XXIII).

8. CRUZ, ERNESTO DE LA. *Epistolario de don Bernardo O'Higgins,* 2 vol. (Santiago de Chile, 1916-1919).

9. [CRUZ Y BAHAMONDE, VICENTE DE LA.] *Una biblioteca del siglo XVIII.* (BCH, N° 1; Santiago, III, 1947).

10. *Diario de las discusiones y actas de las Cortes.* (Cádiz, 1811).

11. *Documentos concernientes a la instalación de la Excma. Junta de Gobierno y a su reconocimiento por las autoridades subalternas del país.* (CHDI, t. XVIII).

12. *Documentos relativos a la Junta de Gobierno de Chile, 1810-1811.* (CHDI, t. VIII, IX, XVIII, XIX, XXV, XXIX).

13. *Documentos relativos a la insurrección de Juan Francisco de León.* Prólogo de Augusto Mijares. (Caracas, 1949).

14. *Documentos relativos a la insurrección de Gual y España.* Prólogo de H. García Checos. (Caracas, 1949).

15. EGAÑA, JUAN: *El chileno consolado en los presidios o filosofía de la religión.* (Londres, 1826).

16. EGAÑA, JUAN: *Epocas y hechos memorables de Chile.* (CHDI, t. XIX; Santiago, 1911).

17. EGAÑA, JUAN: *Escritos inéditos y dispersos.* (Santiago, 1949).

18. EYZAGUIRRE, JAIME: *Fuentes para la Historia del Derecho chileno,* t. I. (Santiago 1950).

19. EYZAGUIRRE, JAIME: *Archivo epistolar de la familia Eyzaguirre, 1747-1849.* (Buenos Aires, 1957).

20. FEIJÓO, BENITO JERÓNIMO: *Teatro Crítico y Universal y Cartas eruditas.* Selección, es-

tudio preliminar y notas de Luis Sánchez Agesta. (Madrid, 1947).

21. GÓMEZ DE VIDAURRE, FELIPE: *Historia geográfica, natural y civil del reino de Chile.* (CHCH, t. XIV-XV).

22. GÓNGORA MARMOLEJO, ALONSO DE: *Historia de Chile desde el descubrimiento hasta el año 1575.* (CHCH, t. II; Santiago, 1862).

22 b. GONZÁLEZ DE NÁJERA, ALONSO: *Desengaño y reparo de la guerra del reino de Chile.* Santiago, 1889.

23. GUZMÁN, JOSÉ JAVIER: *El chileno instruido en la historia topográfica, civil y política de su país.* (Santiago, 1834).

24. LIZÁRRAGA, FRAY REGINALDO DE: *Descripción y población de las Indias.* (Lima, 1908).

25. MACKENNA, JUAN: *Cartas de don... a don Juan Martínez de Rozas.* Santiago, 14 - IX - 1810 (BACH, Nº 54, 1.er semestre 1956).

26. MÁRQUEZ DE LA PLATA, FERNANDO: *Documentos de la primera Junta de Gobierno de 1810.* (BACH, Nº 11, 1938).

27. MARTÍNEZ, MELCHOR: *Memoria histórica sobre la revolución de Chile desde el cautiverio de Fernando VII hasta 1814.* (Valparaíso, 1848).

28. MELVILLE, ROBERTO SAUDERS DUNDAS, VIZCONDE DE: *Proyecto para tomar posesión del reino de Chile por las armas de S. M. Británica.* (RCHHG. Nº 67, 1930).

29. MIRANDA: *Archivo del General Francisco de...* (Caracas).

30. MOLINA, LUIS DE: *Los seis libros de la Justicia y del Derecho.* Versión castellana y notas de M. Fraga Iribarne. Madrid, 1941).

31. NÚÑEZ DE PINEDA Y BASCU-

ÑÁN, FRANCISCO: *Cautiverio feliz y razón de las guerras dilatadas de Chile.* (CHCH, t. III; Santiago, 1863).

32. O'HIGGINS: *Archivo de don Bernardo ...* 12 vols. y en publicación. (Santiago de Chile, 1946-53).

33. *O'Higgins y Mackenna íntimos. Dos cartas de 1811.* (RCHHG, Nº 20; Santiago, 1915).

34. PINTO, FRANCISCO ANTONIO: *Apuntes autobiográficos.* (BACH, Nº 17, 2º semestre 1941).

35. *Proceso seguido por el Gobierno de Chile en 25 de mayo de 1810 contra don Juan Antonio Ovalle, don José Antonio de Rojas y el doctor don Bernardo de Vera y Pintado, por el delito de conspiración.* (CHDI, t. XXX; Santiago, 1938).

36. ROJAS: *La biblioteca de don José Antonio de...* (BCH, Nº 3; Santiago, XII, 1947).

37. [ROSALES, JUAN ENRIQUE]: *Un encargo de libros en 1794.* (BCH, Nº 4; Santiago, VIII, 1948; y Nº 5, VIII, 1949).

38. SALAS, MANUEL DE: *Escritos de don... y documentos relativos a él y su familia,* 3 vol. (Santiago de Chile, 1910-14).

39. SALAS: *La biblioteca de don Manuel de...* (BCH, Nº 2, Santiago, VII, 1947.

40. *Sumario formado contra don Manuel de Salas.* (RCHHG. Nº 113; Santiago, 1-VI-1949).

41. [SÁNCHEZ, JOSÉ TEODORO]: *La biblioteca de un catedrático del siglo XVIII.* (BCH, Nº 8; Santiago, VIII-1952).

42. *Semanario Republicano.* (CHDI, t. XXIV).

43. *Sesiones de los cuerpos legislativos de la República de Chile,* t. I. (Santiago, 1887).

44. SEVILLA, SAN ISIDORO DE: *Etimologías.* Versión castella-

na total, por primera vez, e introducciones particulares de don Luis Cortés y Góngora. (Madrid, 1951).

45. SOLÓRZANO PEREIRA, JUAN DE: *Política Indiana*. (Madrid, 1736).

46. SUÁREZ, FRANCISCO: *Tratado de las leyes y de Dios legislador*. Versión castellana de J. Torrubiano. (Madrid, 1918-21).

47. TALAVERA, MANUEL ANTONIO: *Revoluciones de Chile. Discurso histórico, diario imparcial de los sucesos memorables acaecidos en Santiago de Chile*. (Santiago, 1937).

48. *Testimonio del expediente formado entre el M.I.S. Presidente y la Real Audiencia relativo al Cabildo Abierto del 18 de septiembre de 1810*. (CHDI, t. XVIII).

FUENTES INDIRECTAS

1. ABECIA, VALENTÍN: *Historia de Chuquisaca*. (Sucre, 1939).

2. *Acerca del término "colonia"*. (RI. N.os 55-56; Madrid, 1954).

3. ALEMPARTE, JULIO: *El Cabildo de Santiago en el siglo XVI*. (Santiago de Chile, 1950).

4. ALEMPARTE, JULIO: *El Cabildo en Chile colonial*. (Santiago, 1940).

5. ALEMPARTE, JULIO: *Causas y caracteres generales de la independencia hispanoamericana*. (BACH, N° 43, 1950).

6. ALMEYDA, ANICETO: *En busca del autor del "Catecismo Político Cristiano"* (inédito).

7. AMUNÁTEGUI SOLAR, DOMINGO: *Don Juan José de Santa Cruz*. (AUCH, VI, 1897).

8. AMUNÁTEGUI SOLAR, DOMINGO: *Noticias inéditas sobre don Juan Martínez de Rozas*. (AUCH, 1911).

9. AMUNÁTEGUI SOLAR, DOMINGO: *Génesis de la independencia de Chile*. (Santiago, 1924).

10. AMUNÁTEGUI SOLAR, DOMINGO: *Joel Robert Poinsett*. (RCHHG, N° 55, 1926).

11. AMUNÁTEGUI SOLAR, DOMINGO: *Nacimiento de las repúblicas americanas*. (RCHHG, N° 59, X-XII, 1927.

12. AMUNÁTEGUI SOLAR, DOMINGO: *La emancipación de hispanoamérica*. (Santiago, 1936).

13. AMUNÁTEGUI SOLAR, DOMINGO: *El principio de la revolución de 1810 y el progreso de la idea de emancipación*. (CHDI, t. XXX).

14. AMUNÁTEGUI, GREGORIO VÍCTOR Y MIGUEL LUIS: *Los tres primeros años de la revolución de Chile*. (RCHHG, N.os 60, 61, 62, 63, 1928).

15. AMUNÁTEGUI, MIGUEL LUIS: *Los precursores de la independencia de Chile*, 3 vol. (Santiago, 1870).

16. AMUNÁTEGUI, MIGUEL LUIS: *La crónica de 1810*, 3 vol. (Santiago, 1876-1899).

17. AMUNÁTEGUI, MIGUEL LUIS: *En vísperas del 18 de septiembre de 1810*. (AUCH, 1911).

18. AMUNÁTEGUI, MIGUEL LUIS: *Don Manuel de Salas*. (Santiago, 1895).

19. ANDRÉ, MARIUS: *El fin del imperio español en América*. (Madrid, 1939).

20. ANDRÉ, MARIUS: *Bolívar y la democracia*. (Madrid).

21. ARCILA FARÍAS, EDUARDO: *Economía colonial de Venezuela*. (México, 1946).

22. ARCILA FARÍAS, EDUARDO: *El

siglo ilustrado en América. (Caracas, 1955).

23. ARIAS ÁRGÁEZ, DANIEL: *El canónigo don José Cortés Madariaga.* (Bogotá, 1938).

24. ARIAS, IRENE: *La Carta Magna leonesa.* (Cuadernos de Historia de España, t. IX; Buenos Aires, 1948).

25. ARTOLA, MIGUEL: *Campillo y las reformas de Carlos III.* (RI, Nº 50; Madrid, X-XII, 1952).

26. BARRAILH, JEAN: *L'Espagne eclairée de la seconde moitié du XVIIIᵉ siècle.* (París, 1954).

27. BARROS ARANA, DIEGO: *Historia general de Chile*, 16 vol. (Santiago, 1884-1902).

28. BASADRE, JORGE: *Historia de la idea de "Patria" en la emancipación del Perú.* (MP, Nº 330; Lima, IX, 1954).

29. BASTERRA, RAMÓN DE: *Una empresa del siglo XVIII. Los navíos de la "ilustración". Real Compañía Guipuzcoana de Caracas y su influencia en los destinos de América.* (Caracas, 1925).

30. BATLLORI, MIGUEL: *El abate Viscardo. Historia y mito de la intervención de los jesuitas en la independencia de Hispanoamérica.* (Caracas, 1953).

31. BAYLE, CONSTANTINO: *Los Cabildos seculares en la América española.* (Madrid, 1952).

32. BENEYTO, JUAN: *Tradición, ideología y sociedad en la institucionalización de la independencia.* (REP, Nº 83; Madrid, 1955).

33. BULNES, GONZALO: *1810. Nacimiento de las Repúblicas Americanas.* 2 vol. (Buenos Aires, 1927).

34. CAILLET-BOIS, RICARDO R.: *La propaganda revolucionaria en el interior: formación de los núcleos revolucionarios.* (Buenos Aires, 1939).

35. CAILLET-BOIS, RICARDO R.: *La América española y la revolución francesa.* (Buenos Aires, 1940).

36. CAILLET-BOIS, RICARDO R.: *Las corrientes ideológicas europeas del siglo XVIII y el virreinato del Río de la Plata.* (En "Historia de la Nación Argentina", t. V; Buenos Aires, 1941).

37. CAILLET-BOIS. RICARDO R.: *El Río de la Plata y la revolución francesa.* (En "Historia de la Nación Argentina", t. V; Buenos Aires, 1941).

38. CARDOZO, EFRAÍN: *La princesa Carlota Joaquina y la independencia del Paraguay.* N.ᵒˢ 57-58; Madrid, VII-XII, 1952).

39. CARRO, VENANCIO: *La teología y los teólogos-juristas españoles ante la conquista de América*, 2 vol. (Madrid, 1944).

40. CASAVILCA CURACA, ALBERTO: *Los Cabildos de Lima en la emancipación peruana.* (Ica, 1956).

41. CELIS MUÑOZ, LUIS: *El pensamiento político de Manuel de Salas.* (AUCH, N.ᵒˢ 87-88; Santiago, 3º y 4º trimetre de 1952).

42. CEPEDA ADÁN, JOSÉ: *En torno al concepto del Estado en los Reyes Católicos.* (Madrid, 1956).

43. CID CELIS, GUSTAVO: *Juan Egaña, constitucionalista y prócer americano.* (Santiago, 1941).

44. COLLIER, WILLIAM M., y FELIÚ CRUZ, GUILLERMO: *La primera misión de los Estados Unidos de Norte América en Chile.* (Santiago, 1926).

45. CONGRESO HISPANOAMERICANO DE HISTORIA: *"Causas y caracteres de la independencia hispanoamericana".* (Madrid, 1953).

46. CORNEJO BOURONCLE, J.: *Pu-*

macahua; la revolución del Cuzco de 1814; estudio documentado. (Cuzco, 1956).

47. CRUCHAGA, MIGUEL: *Estudio sobre la organización económica y la hacienda pública de Chile,* 2 vol. (Santiago, 1878-1880).

48. CUERVO MÁRQUEZ, LUIS: *Independencia de las colonias hispanoamericanas. Participación de la Gran Bretaña y de los Estados Unidos.* (Bogotá, 1938).

49. DELGADO, JAIME: *La independencia de América en la prensa española.* (Madrid, 1949).

50. DELGADO, JAIME: *El pensamiento político de Mariano Moreno.* (RI, Nº 26; Madrid, 1946).

51. DELPHI, G.: *L'Espagne et l'esprit européen. L'oeuvre de Feijóo.* (París, 1937).

52. DEUSTUA PIMENTEL, CARLOS: *Concepto y término de "colonia" en los testimonios documentales del siglo XVIII.* (MP. Nº 300; L i m a, IX, 1954).

53. DÍAZ DEL CASTILLO, EMILIANO: *Orígenes de la independencia de las naciones hispanoamericanas.* ("Revista de Historia", vol. V, N.os 28 y 29; Pasto, I-VII, 1954.

54. DONOSO, RICARDO: *El marqués de Osorno, don Ambrosio Higgins.* (Santiago, 1941).

55. DONOSO, RICARDO: *Las ideas políticas en Chile.* (México, 1946).

56. DONOSO, RICARDO: *El Catecismo Político Cristiano.* (Santiago, 1943).

57. DRAGHI LUCERO, JUAN: *La biblioteca de los jesuitas de Mendoza durante la época colonial.* ("Revista de Historia", Nº 1; Mendoza, 1949).

58. ELÍAS DE TEJADA, FRANCISCO: *El pensamiento de los fundadores de Nueva Granada.* (Sevilla, 1955).

59. ELÍAS DE TEJADA, FRANCISCO: *El pensamiento político de Fray José Antonio de San Alberto.* ("Universidad de San Francisco Javier", números 37-38; Sucre, I-VII, 1951; y AEA., t. VIII; Sevilla, 1951).

60. ENCISO, L. M.: *Nipho y el periodismo español del siglo XVIII.* (Valladolid, 1956).

61. ERRÁZURIZ, CRESCENTE: *La crónica de 1810.* (RCHHG, N.os 3 a 11).

62. ESQUIVEL OBREGÓN, TORIBIO: *Apuntes para la Historia del Derecho en México,* t. II *Nueva España.* (México, 1938).

63. ESQUIVEL OBREGÓN, TORIBIO: *Biografía de don Francisco Javier Gamboa; ideario político y jurídico de Nueva España en el siglo XVIII.* (México, 1941).

64. EYZAGUIRRE, JAIME: *Las Gacetas de Procopio.* ("Revista Chilena", N.os 121-122; Santiago, V-VI, 1930).

65. EYZAGUIRRE, JAIME: *La expulsión de los jesuitas y la independencia de América.* ("Revista Chilena", 119-120; Santiago, III-IV, 1930).

66. EYZAGUIRRE, JAIME: *O'Higgins.* (Santiago, 1946).

67. EYZAGUIRRE, JAIME: *El Conde de la Conquista.* (Santiago, 1951).

68. EYZAGUIRRE, JAIME: *Los sospechosos de infidelidad en la Lima de 1813.* (MP. Nº 333; Lima, XII, 1954).

69. FERNÁNDEZ ALMAGRO, MELCHOR: *La emancipación de América y su reflejo en la conciencia española.* (Madrid, 1944).

70. FERREIRO, FELIPE: *Ideas e ideales de los partidos y tendencias que actúan en el cam-*

po de lo político del reino de *Indias de 1808 a 1810.* ("II° Congreso Internacional de Historia de América reunido en Buenos Aires en los días 5 a 14 de junio de 1937", t. I, Buenos Aires, 1938).

71. FRANKL, VÍCTOR: *La filosofía política del Arzobispo-Virrey Antonio Caballero y Góngora.* ("Bolívar", N° 1; Bogotá, 1951).

72. FRANKL, VÍCTOR: *La filosofía social tomista del Arzobispo-Virrey Caballero y Góngora y la de los comuneros colombianos.* ("Bolívar", N° 14; Bogotá, 1952).

73. FURLONG, GUILLERMO: *Los jesuítas y la cultura rioplatense.* (Montevideo, 1933).

74. FURLONG, GUILLERMO: *¿Quién fué el precursor de la emancipación americana? ¿El venezolano Miranda o el argentino Godoy?* ("Estudios", N° 468; Buenos Aires V-VI, 1955).

75. FURLONG, GUILLERMO: *Nacimiento de la filosofía en el Río de la Plata. 1536-1810.* (Buenos Aires, 1952).

76. GALDAMES, LUIS: *La evolución constitucional de Chile, 1810-1925.* (Santiago, 1925).

77. GANDÍA, ENRIQUE DE: *Nueva historia de América. Las épocas de libertad y de anti-libertad desde la independencia.* (Buenos Aires, 1946).

78. GANDÍA, ENRIQUE DE: *Supuestos movimientos precursores de la independencia americana.* ("Universidad Pontificia Bolivariana", N° 68; Medellín, V-VIII, 1953).

79. GANDÍA, ENRIQUE DE: *La revolución de La Paz del 16 de julio de 1809.* ("Revista del Centro de Estudios Histórico-Militares del Perú", N° 9; Lima, 1953-54).

80. GANDÍA, ENRIQUE DE: *Las guerras de los absolutistas y liberales en América.* (RI. N.os 57-58; Madrid, VII-XII. 1954).

81. GANDÍA, ENRIQUE DE: *Los orígenes de la independencia americana según el general Daniel Florencio O'Leary.* (RI. N° 67; Madrid, I-III, 1957).

82. GARCÍA GALLO, ALFONSO: *La Constitución política de las Indias españolas.* (Madrid, 1946).

83. GARCÍA GALLO, ALFONSO: *La unión política de los Reyes Católicos y la incorporación de las Indias.* (REP. N° 50; Madrid, 1950).

84. GARCÍA GALLO, ALFONSO: *La ley como fuente del derecho en Indias en el siglo XVI.* (AHDE., t. XXI, Madrid, 1951).

85. GARCÍA GALLO, ALFONSO: *El derecho indiano y la independencia de América.* (REP., N° 60; Madrid, 1951).

86. GARCÍA - HUIDOBRO, ELÍAS: *Las Cortes de Cádiz y las elecciones de los diputados de Chile.* (RCHHG, t. IV, 1912).

87. GARCÍA SAMUDIO, NICOLÁS: *Independencia de Hispanoamérica.* (México, 1945).

88. GIL MUNILLA, OCTAVIO: *Teoría de la emancipación.* (EA. N° 7; Sevilla, 1950).

89. GIL MUNILLA, OCTAVIO: *¿Colonias españolas?* (EA. N° 42; Sevilla III, 1955).

90. GIMÉNEZ FERNÁNDEZ, MANUEL: *Nuevas consideraciones sobre la historia, sentido y valor de las Bulas Alejandrinas de 1493 respecto a las Indias.* (AEA. t. I; Sevilla, 1944).

91. GIMÉNEZ FERNÁNDEZ, MANUEL: *Algo más sobre las Bulas Alejandrinas de 1493 referentes a las Indias.* ("Anales de la Universidad Hispalen-

se", año VIII, N° 3; Sevilla, 1945).

92. GIMÉNEZ FERNÁNDEZ, MANUEL: *Las doctrinas populistas en la independencia de América.* (AEA, vol. III; Sevilla, 1946).

93. GIMÉNEZ FERNÁNDEZ, MANUEL: *Las Cortes de la Española en 1518.* ("Anales de la Universidad Hispalense", Sevilla, 1954).

94. GIMÉNEZ FERNÁNDEZ, MANUEL: *Hernán Cortés y su revolución comunera en la Nueva España.* (AEA., vol. V; Sevilla, 1948).

95. GÓMEZ HOYOS, RAFAEL: *¿Fué América verdadera colonia española?* ("Bolívar", N° 28; Bogotá IV, 1954).

96. GÓNGORA, MARIO: *El Estado en el Derecho Indiano. Epoca de fundación, 1492-1570.* (Santiago, 1951).

97. GRASES, PEDRO, y HARKNESS, ALBERTO: *Manuel García de Sena y la independencia de Hispanoamérica.* (C a r a c a s, 1953).

98. GUEVARA, TOMÁS: *Los araucanos en la revolución de la independencia.* (AUCH, 1911).

99. GUTIÉRREZ FERREIRA, PEDRO PABLO: *El siglo XVIII peruano.* ("Cuadernos Hispanoamericanos". N° 82; Madrid, X, 1956).

100. HANKE, LEWIS: *La lucha por la justicia en la conquista de América.* (B u e n o s Aires, 1949).

101. HERRERO, JUAN MANUEL: *Notas sobre la ideología del burgués español del siglo XVIII.* (AEA, vol. IX; Sevilla, 1952).

102. HUNEEUS PÉREZ, ANDRÉS: *Historia de las polémicas de Indias en Chile durante el siglo XVI, 1536-1598.* (Santiago, 1956).

103. JANE, CECIL: *Libertad y des-*

potismo *en la América Hispana.* (Buenos Aires, 1942).

104. KONETZKE, RICHARD: *La condición legal de los criollos y las causas de la independencia.* (EA. N° 5; Sevilla, 1950).

105. KONETZKE, RICHARD: *La formación de la nobleza en Indias.* (EA. N° 10; Sevilla, 1951).

106. KONETZKE, RICHARD: *Ideas políticas del Virrey Francisco Gil de Taboada.* ("Mar del Sur", vol. VII, N° 20; Lima III-IV, 1952).

107. KONETZKE, RICHARD: *Estado y sociedad en Indias.* (EA., N° 8; Sevilla).

108. KREBS WILCKENS, RICARDO: *Pedro Rodríguez de Campomanes y la política colonial española en el siglo XVIII.* (BACH, N° 53; 1955).

109. LAFUENTE FERRARI, ENRIQUE: *El Virrey Iturrigaray y los orígenes de la independencia de Méjico.* (Madrid, 1941).

110. LARRAÍN, CARLOS J.: *Don Ramón Errázuriz Aldunate.* (BACH, N° 41, 1949).

111. LEONARD, IRVING: *Los libros del conquistador.* (México, 1949).

112. LEONARD, IRVING: *Un envío de libros para Concepción de Chile, 1620.* (BCH, N° 4; Santiago VIII, 1948).

113. LETURIA, PEDRO: *Las grandes bulas misionales de Alejandro VI.* ("Biblioteca Hispana Missionum", t. I; Barcelona, 1930).

114. LEVENE, RICARDO: *La Revolución de mayo. El 25 de mayo.* ("Historia de la Nación Argentina", t. V; Buenos Aires, 1941).

115. LEVENE, RICARDO: *El pensamiento vivo de Mariano Moreno.* (Buenos Aires, 1942).

116. LEVENE, RICARDO: *Vida y es-*

critos de Victorián de Villava. (Buenos Aires, 1946).

117. LEVENE, RICARDO: *Ensayo sobre la Revolución de mayo y Mariano Moreno. Contribución al estudio de los aspectos políticos, jurídicos y económicos de la Revolución de mayo*, 3 vol. (Buenos Aires, 1949).

118. LEVENE, RICARDO: *Las Indias no eran colonias*. (Buenos Aires, 1951).

119. LEVENE, RICARDO: *El mundo de las ideas y la revolución hispanoamericana*. (Santiago de Chile, 1956).

120. LOHMANN VILLENA, GUILLERMO: *Las Cortes en Indias*. (AHDE., t. XVIII; Madrid, 1947).

121. LOHMANN VILLENA, GUILLERMO: *Manuel Lorenzo de Vidaurre y la Inquisición de Lima*. ("Mar del Sur"; Lima VII-VIII, 1951).

122. LÓPEZ, CASTO FULGENCIO: *Juan Picornell y la conspiración de Gual y España. Narración documentada de la pre-revolución de independencia venezolana*. (Caracas-Madrid, 1955).

123. MACHADO RIBAS, LINCOLN: *Movimientos revolucionarios en las colonias españolas de América*. (Buenos Aires, 1940).

124. MANCINI, JULES: *Bolivar et l'emancipation des Colonies spagnoles des origines a 1815*. (París, 1912).

125. MANZANO, JUAN: *La incorporación de las Indias a la corona de Castilla*. (Madrid, 1948).

126. MANZANO, JUAN: *La adquisición de las Indias por los Reyes Católicos y su incorporación a los reinos castellanos*. (AHDE., t. XXI-XXII; Madrid, 1951-52).

127. MARAVALL, JOSÉ ANTONIO: *Teoría española del Estado en el siglo XVII*. (Madrid, 1944).

128. MARILUZ URQUIJO, JOSÉ MARÍA: *Ensayo sobre los juicios de residencia indianos*. (Sevilla, 1952).

129. MARTÍNEZ CARDÓS, JOSÉ: *Las Indias y las Cortes de Castilla durante los siglos XVI y XVII*. (RI, N.os 64 y 65; Madrid, IV-VI y VII-IX, 1956).

130. MATTA VIAL, ENRIQUE: *El diputado de Chile en las Cortes de Cádiz, don Joaquín Fernández de Leiva*. (RCHHG, N.os 37 y 38).

131. MATTA VIAL, ENRIQUE: *La Junta de Gobierno de 1810, El Consejo de Regencia y el Virrey del Perú*. (RCHHG, Nº 42, 1921).

132. MEDINA, JOSÉ TORIBIO: *Biblioteca Hispanochilena 1523-1817*, 3 vol. (Santiago, 1897-99).

133. MEDINA, JOSÉ TORIBIO: *Historia del Tribunal del Santo Oficio de la Inquisición en Chile*. (Santiago, 1952).

134. MEDINA, JOSÉ TORIBIO: *Historia de la Real Universidad de San Felipe de Santiago de Chile*, 2 vol. (Santiago, 1928).

135. MEDINA, JOSÉ TORIBIO: *Un folleto de propaganda hasta ahora desconocido, sobre la Revolución de la independencia de Chile*. (RCHHG, Nº 19).

136. MENDOZA, JAIME: *La Universidad de Charcas y la idea revolucionaria*. ("Universidad de San Francisco Javier", Nº 23; Sucre, I-VI, 1940).

137. MEZA VILLALOBOS, NÉSTOR: *Las relaciones entre el pueblo chileno y el poder durante la monarquía*. (BACH, Nº 53, 2º semestre 1955).

138. MITRE, BARTOLOMÉ: *Historia de San Martín y de la Eman-*

cipación Sudamericana, 3 vol. Buenos Aires, 1887).

139. MOLINARI, DIEGO LUIS: *La Representación de los Hacendados de Mariano Moreno. Su ninguna influencia en la vida económica del país y en los sucesos de mayo de 1810*, t. I. (Buenos Aires, 1939).

140. MORALES PADRÓN, FRANCISCO: *Rebelión contra la Compañía de Caracas*. (Sevilla, 1955).

141. MUÑOZ PÉREZ, JOSÉ: *La publicación del Reglamento del comercio libre de Indias de 1778*. (AEA, vol. IV; Sevilla, 1947).

142. MUÑOZ PÉREZ, JOSÉ: *La idea de América en Campomanes*. (AEA, t. X; Sevilla, 1953).

142 b MUÑOZ PÉREZ J.: *Los proyectos sobre España e Indias en el siglo XVIII: el proyectismo como género*. (REP. Nº 81, Madrid, 1955).

143. NAVARRO, B.: *Los jesuítas y la independencia*. ("Abside", XVI, 1; México, 1952).

144. NEUHAUS RIZO-PATRÓN, CARLOS: *Reflexiones sobre la independencia del Perú*. ("Letras", N.os 50 - 53; L i m a, 1954).

145. NEUHAUS RIZO-PATRÓN, CARLOS: *Destino: Libertad. Ensayo biográfico sobre Manuel Pérez de Tudela, abogado de insurgentes*. (Lima, 1956).

146. O'GORMAN, EDMUNDO: *Fray Servando Teresa de Mier. Selección, notas y prólogo de...* (México, 1945).

147. OÑAT, ROBERTO Y ROA, CARLOS: *Régimen legal del ejército en el reino de Chile*. (Santiago, 1953).

148. PACHECO VÉLEZ, CÉSAR: *La emancipación del Perú y la revolución burguesa del siglo XVIII*. (MP, Nº 332; Lima, 1954).

149. PACHECO VÉLEZ, CÉSAR: *La idea del Perú en la independencia*. (MP, Nº 324; Lima, 1954).

150. PACHECO VÉLEZ, CÉSAR: *Las conspiraciones del Conde de la Vega del Ren*. ("Revista Histórica", t. XXI; L i m a, 1954).

151. PACHECO VÉLEZ, CÉSAR: *Hipólito Unánue y la generación peruana de los precursores*. (MP, Nº 342; Lima, IX, 1955).

152. PACHECO VÉLEZ, CÉSAR: *Sobre el monarquismo de San Martín*. (AEA, vol. IX; Sevilla, 1952).

153. PALACIO ATARD, VICENTE: *El despotismo ilustrado español*. ("Arbor", Nº 22, Madrid, 1947).

154. PARRA PÉREZ, CARACCIOLO: *Miranda et la Revolution française*. (París, 1921).

155. PARRA PÉREZ, CARACCIOLO: *El régimen español en Venezuela*. (Madrid, 1932).

156. PARRA PÉREZ, CARACCIOLO: *Mariño y la independencia de Venezuela*. (Madrid, 1953-54).

157. PEÑA, ROBERTO I.: *Conclusiones jurídicas defendidas en la Universidad de Córdoba a fines del siglo XVIII*. (Córdoba, 1952).

158. PEÑA, ROBERTO I.: *El pensamiento político del Deán Funes*. (Córdoba, 1953).

159. PEÑA Y CÁMARA, JOSÉ MARÍA DE LA: *A list of Spanish residencias in the Archives of the Indias, 1516-1775*. (Washington, 1955).

160. PEÑALVER SIMÓ, PATRICIO: *El pensamiento de la emancipación*. (EA, Nº 9; S e v i l l a, 1951).

161. PEÑALVER SIMÓ, PATRICIO: *Modernidad tradicional en el pensamiento de Jovellanos*. (Sevilla, 1953).

162. PEREIRA SALAS, EUGENIO: *La influencia norteamericana en*

las primeras Constituciones de Chile. (Santiago, 1943).

163. PEREIRA SALAS, EUGENIO: *B u q u e s norteamericanos en Chile a fines de la era colonial.* (Santiago, 1936).

164. PÉREZ VILA, MANUEL: *El Canónigo Madariaga y la Inquisición caraqueña.* ("Revista Nacional de Cultura, Nº 119; Caracas, XI-XII, 1956).

165. PÉREZ EMBID, FLORENTINO: *Los descubrimientos en el Atlántico hasta el tratado de Tordesillas.* (Sevilla, 1948).

166. PONCE SANGUINÉS, CARLOS Y GARCÍA, ALFONSO: *Documentos para la historia de la revolución de 1809,* 3 vol. (La Paz, 1954).

167. PORRAS BARRENECHEA, RAÚL: *José Sánchez Carrión, el tribuno de la República peruana.* (MP, Nº 320; Lima, XI, 1953).

168. PUENTE CANDAMO, JOSÉ AGUSTÍN DE LA: *Reflexiones sobre la emancipación del Perú.* ("Gleba", Nº 2; Lima, X, 1950).

169. PUENTE CANDAMO, JOSÉ AGUSTÍN DE LA: *San Martín y el Perú. Planteamiento doctrinario.* (Lima, 1948).

170. PUENTE CANDAMO, JOSÉ AGUSTÍN DE LA: *La idea de la comunidad peruana y el testimonio de los precursores.* ("Revista de la Universidad Católica", t. XV, Nº 1; Lima, 1955).

171. PUENTE CANDAMO, JOSÉ AGUSTÍN DE LA: *El Perú en el pensamiento de los precursores.* (MP, Nº 345; Lima, XII, 1955).

172. RENÉ-MORENO, GABRIEL: *Los últimos días coloniales del Alto Perú.* (Santiago de Chile, 1916).

173. RIVA AGÜERO, JOSÉ DE LA: *Don José Baquíjano y Carrillo.* ("Boletín del Museo Bolivariano", Nº 12; Lima, VIII, 1929).

174. ROBERTS, CARLOS: *Las invasiones inglesas del Río de la Plata, 1806-1807 y la influencia inglesa en la independencia y organización de las Provincias del Río de la Plata.* (Buenos Aires, 1938).

175. ROBERTSON, WILLIAM SPENCER: *La vida de Miranda.* (Buenos Aires, 1938).

176. RODRÍGUEZ CASADO, VICENTE: *Comentarios al Decreto y Real Instrucción de 1765, regulando las relaciones comerciales de España e Indias.* (AHDE, t. XIII; Madrid, 1936-1941).

177. RODRÍGUEZ CASADO, VICENTE: *El intento español de "ilustración cristiana".* (EA, Nº 42; Sevilla, III, 1955).

178. RODRÍGUEZ CASADO, VICENTE: *La revolución burguesa del siglo XVIII español.* ("Arbor", Nº 61; Madrid, 1951).

179. RODRÍGUEZ CASADO, VICENTE: *La política interior de Carlos III.* (Valladolid, 1950).

180. RODRÍGUEZ CASADO, VICENTE: *Iglesia y Estado en el reinado de Carlos III.* (EA, Nº 1; Sevilla, 1948).

181. RODRÍGUEZ CASADO, VICENTE: *De la monarquía española del barroco.* (Sevilla, 1955).

182. ROLDÁN, ALCIBÍADES: *Sobre algunos antecedentes de la revolución de nuestra independencia.* (RCHHG, Nº 22).

183. ROZAS, RAMÓN RICARDO: *El embajador de Chile en España en 1808.* ("Revista de Artes y Letras", t. V; Santiago, 1885).

184. RUBIO, JULIÁN MARÍA: *La infanta Carlota Joaquina y la política de España en América.* (Madrid, 1920).

185. SÁNCHEZ AGESTA, LUIS: *El pensamiento político del des-*

potismo ilustrado. (Madrid, 1953).

186. Sánchez - Albornoz Claudio: *Sensibilidad política del pueblo castellano en la Edad Media.* ("Revista de la Universidad de Buenos Aires", N° 5, 1948).

187. Sánchez Bella, Ismael: *Los reinos en la historia moderna de España.* (Madrid, 1956).

188. Sánchez Pedrote, Enrique: *la idea del poder en dos virreves neogranadinos.* (EA, N° 56; Sevilla, 1956).

189. Sarrablo Aguarzles, Eugenio: *Una conmoción popular en el México virreinal del siglo* xviii. (AEA, t. vii; Sevilla, 1950).

190. Sierra, Vicente D.: *Historia de las ideas políticas en Argentina.* (Buenos Aires, 1950).

191. Silva Castro, Raúl: *Don Juan Egaña.* (Santiago, 1950).

192. Silva Cotapos, Carlos: *Don Manuel de Alday y Aspee, Obispo de Santiago de Chile.* (Santiago, 1917).

193. Spell, Jefferson, Rea: *Rousseau in the Spanish World before 1833. A Study in Franco - Spanish Literaty Relations.* (Texas, 1938).

194. Street, John: *La influencia británica en la independencia de las Provincias del Río de la Plata, con especial referencia al periodo comprendido entre 1806 - 1816.* ("Revista Histórica", N.os 64-66; Montevideo, 1954).

195. Suárez, Federico: *El problema de la independencia de América.* (EA, N° 2; Sevilla, 1949).

196. Thayer Ojeda, Tomás: *Las bibliotecas coloniales en Chile.* ("(Revista de Bibliografía Chilena y Extranjera", N° 11; Santiago, 1913).

197. Thomas, John: *Los proyectos del virrey O'Higgins.* (RCHHG, N° 15; 3.er trimestre 1914).

198. Tobar Donoso, Julio: *La independencia.* ("Boletín de la Academia Nacional de la Historia", N° 82; Quito, 1953).

199. Tocornal, Manuel Antonio: *Memoria sobre el primer gobierno nacional.* (Santiago, 1856).

200. Torre Revello, José: *El libro, la imprenta y el periodismo durante la dominación española.* (Buenos Aires, 1930).

201. Truso, Francisco Eduardo: *Una interpretación jurídica de la independencia americana.* ("Criterio", N° 1260; Buenos Aires, 20-v-1956).

202. Universidad de Chile. *Seminario de Derecho Público. Escuela de Ciencias Jurídicas y Sociales de Santiago*: "Notas para el estudio de la criminalidad y la penología en Chile Colonial 1673 - 1816. Aporte del Seminario de Derecho Público al II Congreso Latino Americano de Criminología" (Santiago, 1941).

203. Uprimny, Leopoldo: *¿Capitalismo calvinista o romanticismo semiescolástico de los próceres de la independencia colombiana?* ("Universitas", N° 6; Bogotá, 1954).

204. Vaïsse, Emilio: *De la acción de los franceses en Chile durante la era colonial* (RCHHG, t. ix; Santiago, 1914).

205. Valcárcel, Daniel: *La rebelión de Tupac Amaru.* (México, 1947).

206. Valcárcel, Daniel: *Sentido social de la rebelión de Tupac Amaru.* ("Letras", N.os 50-53; Lima, 1954).

207. Valega, J. M.: *La gesta emancipadora del Perú, 1780-1819.* (Lima, 1940).

208. Vallejo, José A.: *La lucha por la independencia. La re-*

belión de 1724. *Juan Santos.* (Lima, 1954).

209. VARAS VELÁSQUEZ, MIGUEL: *El Reglamento Constitucional de 1812.* (RCHHG, N° 18, 1915).

210. VICUÑA MACKENNA, BENJAMÍN: *La revolución de la independencia del Perú desde 1809 a 1819.* (Lima, 1860).

211. VILLANUEVA, CARLOS A.: *Napoleón y la independencia de América.* (París, 1911).

212. WECKMANN, LUIS: *Las Bulas Alejandrinas de 1493 y la teoría política del Papado medieval.* (México, 1949).

213. WHITAKER, ARTHUR P.: *The United States and the Independence of Latin America, 1800-1830.* (The Johns Hopkins Press, 1941).

214. WHITAKER, ARTHUR P.: *La historia intelectual de Hispanoamérica en el siglo XVIII.* (RHA, N° 40; México, 1950).

215. WOLFF, INGE: *Algunas consideraciones sobre causas económicas de la emancipación chilena.* (AEA, vol. XI; Sevilla, 1954).

216. YRARRÁZAVAL LARRAÍN, JOSÉ MIGUEL: *San Martín y sus enigmas,* 2 vol. (Santiago de Chile, 1949).

217. ZAVALA, SILVIO: *La libertad de movimiento de los indios de Nueva España.* (En "Estudios Indianos", México, 1948).

218. ZORRAQUÍN BECÚ, RICARDO: *El sistema político indiano.* ("Revista del Instituto de Historia del Derecho", N.os 6 y 7; Buenos Aires, 1954 y 1955-56).

219. ZORRILLA CONCHA, ENRIQUE: *Esquema de la Justicia en Chile Colonial.* (Santiago, 1942).

www.ingramcontent.com/pod-product-compliance
Lightning Source LLC
Chambersburg PA
CBHW020949160726
47993CB00007B/3008